INK文學叢書
108

一九四五・光復新聲——臺灣光復詩文集

曾健民◎編著

編者導言

來到臺灣戰後出發的地方

曾健民

每年的五月八日，包括德國的歐美各國，都會熱烈紀念反法西斯戰爭勝利日。不厭其煩地反復紀念，汲取歷史教訓，從來沒有人批評過說這紀念日老舊，是無聊的「大敘述」。同樣地，每年每年，在八月十五日，中國大陸也反覆紀念反法西斯與抗戰勝利的日子。在台灣，兩蔣時期，每年的十月二十五日，也都會紀念台灣光復節，以示不忘台灣戰後的出發點，雖然它早已流於官方老套，喪失了歷史的生機。

從十年前開始，前台北市長陳水扁，在十月二十五日，在台北市街頭遍插「終戰」的大旗之後，「光復」被取消了，「終戰」取而代之。風吹草偃，原本就沒有獨立思考的台灣文化界、媒體業，也開始開口閉口「終戰」，以為是時髦。不知道「終戰」在日本的實際意義：它是延續日本帝國主義意識形態的戰後日本統治者的用語，是不願意承認日本發動的戰爭是侵略戰爭，且是否定日本戰敗投降的歷史修辭。有良心的日本人是羞於啓口的。一個曾經受過日本五十年殖民欺壓的台灣子民，竟然隨著日本統治者開口閉口「終戰」而不自知。

造成今天這種荒誕現象的原因，主要是因為台灣民眾從來就不知光復歷史為何物。數十年間，國民政府只有官方形式化的紀念光復儀式，從未眞正瞭解過光復的歷史眞義；再加上狹隘的國民黨式的歷史教育，使光復形骸化，失去了原來生動多彩的歷史意義。

、

雖然今日的我們，仍然生活在六十年前的二戰後的世界秩序中，也生活在台灣光復後的政治、經濟和文化構造中；但是我們在知識上，特別在歷史意識上，卻被重重的煙幕所障蔽，無法辨識由少數支配者所控制的世界秩序和社會構造的本質。特別在台灣的現實脈絡中，歷史意識往往深刻關聯著身份認同或國族認同的問題，因此，歷史意識不再是歷史問題，而成了政治問題。歷史詮釋成了政治的延伸。台灣史中的光復初期或戰後初期的歷史，更成了爭議的焦點。他們把「光復」顚倒爲「終戰」，把台灣復歸祖國顚倒爲「再殖民」；把戰後光復台灣的國民政府扭曲成「外來政權」；把二二八事件扭曲爲「中國人屠殺台灣人」的政治圖騰。

歷史問題的錯亂，急速地侵蝕著台灣島嶼，分裂著台灣社會。對歷史的無知，就是對未來的盲目；歷史認識的危機，將導致對未來的迷失。

關於台灣光復的歷史，六十年來，除了國民黨或官方出版了一些代表官方或黨方立場的資料集之外，可以說，從來沒有出現過一本比較全面性又有著民間立場的光復史料。這是一個嚴重的問題；不知道出發點，怎會知道現在與將來呢？編者蒐羅了從一九四五年八月十五日一直到一九四六年二月的這半年間，許多有關「光復」這個大歷史變革爲主題的文章，編成這本書。本書包括「光復文學」輯和「光復言論」輯兩輯，共有一百多篇，可簡稱爲「光復詩文集」。「光復詩文」這個概念，主要來自前輩台灣史家的一篇小文章〈台灣光復前夕光復詩文〉，該文簡略地介紹了光復時期的一些詩作與文章的篇名。從這個概念出發，編者更廣泛地，更全面地蒐集歷史材料，把它編成一本書，作爲認識台灣光復歷史的客觀基礎。

編者蒐集了光復當時的知識菁英、文化人、作家身臨時代巨變時，在喜歡、激動中所吟頌的古典詩詞、歌謠、文學創作、甚至各團體的口號、標語等。另外也蒐集了許多當時處在新歷史開端的許多有關台灣光復的議論文章，有對新時代歡迎、期許和自許，也有對舊時代的批判等等。可以說每一篇都蘊含了個人在大時代中的激動感情，也反映了客觀歷史的一個片斷；總加成起來，就是整個台灣光復歷史的一個無法抹滅的投影。

編者認爲，所有有關台灣光復歷史的學習或論議，只有站在這些歷史資料的基礎上，才會產生有意義的認識和辯論。

第一節、光復文學

本書第一輯「光復文學」，收錄了當時圍繞著「光復」這個大時代爲主題的作品；包括有光復詩詞、光復歌謠、光復標語、以及新文學作品。從這些作品的內容來看，這個時期的文學的主要特徵是，古典詩詞占了主要地位，而新文學的作品則不算多。

迎接了台灣光復的古典詩詞

台灣光復的大歷史巨變中，並沒有出現一定量的白話文新文學作品，誠然可惜，但卻出現了許多古典詩詞，這些作品反映了民眾對台灣光復的喜賀之情，也難能可貴。可以說，主要是古典詩詞迎接了台灣的光復。這種文學現象反映了台灣文學的特殊性。究其因，首先是因爲從一九三七年起日本殖民者廢漢文欄的高壓政策下，白話文作家失去了文學園地，雖然還有尚存一息的《風月報》（後改名爲《南方》)，但是因其吟風弄月的消極性格，無法提供新文學作家伸展的空間。光復後，失去發表園地長達八年的白話文作家，除了少數幾位如王詩琅、朱點人、楊守愚等人之外，大多已意興闌珊。還有，便是大多數日據期白話文作家的根本創作動機，是「抗日、反殖、歸宗」，日本投降台灣光復的歷史變革，基本上已達成了個人的宿願，身心鬆懈也就無力創作了。另外，便是時代大轉變，個人為了生計、職業也不得不先放下筆來。

在台灣，從事古典詩詞創入的舊文學作家，其基礎是很深厚的。就如黃得時在〈台灣光復前後之文藝活動與民族性〉一文中（《青溪》五十五期，一九七二年）所提及的：

「自從『五四』以後，國內一般人認為舊文學已失去其價值，變成了一種死文學。但是就台灣來說，情形並非如此，毋寧說，它的存在有著特殊的意義」

黃得時所說的特殊意義，就是指在殖民地條件下，台灣舊詩在保存中國固有文化上，以及作為其間接表達反抗日本的祖國意識之情上，有強烈的民族性，有重大的現實意義。因此台灣各地都有詩社、吟社，最興盛時曾多達千個之多，其中以台北「瀛社」、台中「櫟社」、台南「南社」最有名。

就是這些台灣舊文學作家（當然，包括許多新文學作家也從事舊古典詩詞的創作）深厚的「民族性」，以其古典詩詞最先迎接了台灣的光復。

本輯收錄了六十七篇古典詩詞，包括林茂生、陳逢源、葉榮鐘等名詩家的作品。這些作品主要搜集自《台灣新報》、《民報》，以及一些新創刊的雜誌。大多是如「光復喜賦」之類的作品。也收入了幾首台灣光復後才得以發表公刊的「獄中詩」，譬如，日據末期因駭人聽聞的東港事件而死於牢獄的名律師歐清明的「獄中詩」。還有，因為光復的欣喜無法完全用白紙黑字表達，故有人創作了慶祝光復的歌謠，流傳於民間讓人傳唱。本文收入了包括作家郭秋生和蔡培火等人的光復歌謠作品共六首。另外，也收入了五首光復標語，這些標語主要來自民間政治團體，如三青團等。這些標語十分集中且總體地表現了這些民間政治團體對大時代的政治要求。

新文學作品

關於這個時期的文學作品，總體來看作品量並不多，好的作品更是少。本書先選輯了三篇文學論議文，包括賴明弘的〈重見祖國之日〉，楊雲萍的〈我們的等路〉以及秋鴻的〈我與祖國文學〉，這些文章反映了台灣復歸祖國的同時，臺灣文學也復歸了祖國文學的這一個事實。表達了在這個大時代的轉換中，台灣作家內心的感情、態度和新的展望。

散文〈起點〉是省籍新進青年作家的代表作；其情感豐富，文學表現手法亦佳，表現了光復時台灣青年在新時代中重新出發的共同情感。但是，由於殖民地歷史的沉重包袱，他們的白話文運用能力受到極大的限制，這也是當時的省籍青年作家所共同面臨的大挑戰。

在新詩的作品方面，從吳新榮的〈祖國軍來了〉、林荊南的〈久違了島都〉，一直到王白淵的〈光復〉，這些作者都是在日據時期就已經很活躍的作家；而且他們有一個共同的特色，那就是，都是日文、白話文兼備的作家，因此，光復後馬上可以提筆寫作。這些詩作都個別反映了一九四五年從八月十五日日本投降，到十月二十五日慶祝台灣光復的幾個歷史過程。

詩作〈悼〉和〈台灣我希望你〉，從語言的通達程度看，作者應該是大陸來台的作家，前者是悼念反日而死的烈士，後者表達了對台灣的熱烈期待。這顯示了大陸來台的外省作家，很快就參加了台灣文學的行列，大大豐富了台灣文學的內涵，反映了台灣的光復帶給台灣文學的新變化。

龍瑛宗的〈青天白日旗〉描寫了一個農民阿炳帶著小孩木順仔，上街市集賣龍眼。看到原本沒精神的街市，突然間變得朝氣勃勃，人潮出奇的多，大家臉上都笑嘻嘻；而且牆上電線桿上都貼滿了「台灣光復」、「感謝祖國」的標語。這裡，龍瑛宗對台灣光復初的街頭景象，有十分寫實的描寫。主角阿炳唸著唸著這些標語，難以動搖的實感漲滿了身軀，心想首次聽到台灣光復時不敢太相信，還像做一場夢一樣。阿炳又回想過去常受日本警察無理的毆打，心中充滿了沒有祖國的悲哀。然而，眼前又貼滿了「台灣光復」的海報，唸著唸著覺得身心輕鬆許多。這時看到有人在賣青天白日旗，孩子木順仔吵著：「阿爸，好漂亮！買一隻吧，好不好？」

阿炳拉著神氣地揮舞著青天白日旗的木順仔，一路回家。冷不提防迎面來了一個日本警察，照以前的自然反應，爲避免挨打，必定想方設法避開他。但阿炳又想回來，現在自己已是堂堂正正的中國人民，有什麼好害怕？阿炳遂拉著木順仔和旗子，「毫不介意地挺胸昂首，搖搖擺擺走過去，日本警察呆著看他一眼，倒也讓他們走過去。」

龍瑛宗透過這樣的短篇小說，一個簡單的故事情節，傳神地描寫了台灣光復的社會實像，也傳達了他自己久久被壓抑的民族情懷。雖然他不得不以日文創作，但其精神卻是中國的。

第二節、台灣光復的意義

光復的三大意義

臺灣光復，對台灣人民的眞正意義是什麼？關於這個問題，當時台灣知識菁英的代表，曾獲美國哥倫比亞大學博士學位的林茂生，在他的〈祝詞〉一文中，有深刻精要的說明。他說：當此興復之秋，有三大發見：一是發現我是人，其次是發見社會，三是發見國家。他進一步申述了這三大發見說：

一是，發見「我是人，是自然人」，從來處於帝國主義之桎梏下，我不是人，不是自然之人……今我不然，於光復聲中，舉凡過去所喪失之文化，同時璧返而復我自然人。

二是，發見「社會」，五十年來，我輩無社會，是對立之社會，分裂之社會，強權第一之社會……今也，一民族、一語言、一歷史、利害共通同胞相助，此種社會方是眞社會。

三是，發見「國家」，從來之所謂國家者，僞國家也……今同一歷史、同一法制、同一語言、同一傳統之眞國家。

同樣地，廖文毅在〈光復的意義〉一文，也說明了他在臺灣光復中的四大發現：第一個事實是「民族精神的振興」，第二個事實是「國土重圓」，第三個事實是「家人再集」，第四個事實是「統一的國家，統一的政府」。

因爲，在長期的嚴酷的殖民統治下，台灣人民被剝奪了政治權、經濟權和文化權、處於沒有「人權」的、「非國民」的、殖民地人的地位；民族意識受壓抑，民族社會被支離，更沒有自己的民族國家，這就是身爲殖民地人的屈辱和悲哀。殖民地人民的最大願望，也是反殖民運動的最大目標，就在打破這些殖民桎梏，脫離殖民地人的地位，成爲一個完整自主的「自然人」，並且做爲一個「國民」生活在自己的「民族社會」和「民族國家」中。而「光復」給台灣人民帶來的「殖民解放」和「復歸祖國」的二大歷史變革，正實現了台灣人民夢寐以求的願望。當時，除了極少數在殖民時代依仗日本殖民統治者維持自己權勢的台灣人大資產家以外，對於台灣人民（不管左中右派）來說，「光復」就是自己夢想的實現，其狂喜和對祖國的熱烈期待是不難想像的。

台灣的民族意識

林履信的〈不負了祖國的台灣〉舉了三大理由，說明台灣民眾數百年來堅強的民族意識，即使在嚴苛的異族日本殖民統治下，仍然沒有大的改變。他從「民族血統的保存」、「祖國文化的保存」以及「家族制度的堅守」三方面，分別說明台灣並未負了祖國。荇伊的〈台灣同胞到底給日本同化了多少〉，認爲，經過日本五十年的殖民統治，從表面上來看，不管在言行舉止或生活習慣上，台灣民眾似乎已被日本同化。但是，作者並不以爲然，他從構成民族要素的血統、語言、生活、宗教、習俗各方面進行了考察。最後，他有一個至今看來仍很新鮮的結論，他認爲：因爲國家是武力造成的，而民族是自然形成；因此，光復前的台灣民眾，國家意識是日本的，而民族意識感情則是中國的。

當時任公署教育處副處長的宋斐如，他的〈民族主義在台灣〉一文，論點大致與前述二篇文章類似，都強調台灣的民族主義是堅強的，但也是歷經滄桑的；因此，「祖國接收台灣首先須尊重台灣人此種自尊心」，「任何人不能以歧視眼光治理台灣，應多尊重其自治精神如何」；「要從收攬人心下手」，「運用一視同仁政策」，「爭取內向」。宋斐如的這番話，恰恰說中台灣光復後不久，開始出現諸多混亂的本質問題。

御用紳士應退場反省

有兩篇文章在十月二十五日以前，也就是在受降與慶祝台灣光復典禮之前，就已刊載於《台灣新報》的社論；一是〈關於改姓名日籍台胞問題〉，另一是〈新台灣之建設與「御用紳士」問題〉。這兩篇社論主要是對日據時期依附日本殖民者的台灣人御用士紳或改姓名者的強烈批判。警告這些「不能相信自己民族」的人，要退場反省，並說這是「建設新台灣不能免之過程」。而且，也勸告那些「失去民族精神」的「改姓名」或「入日本籍」者，應該「十分反省，徹底清算過去之日本精神」。這種台灣人內部的自我批判，自我「去殖民」，在日本投降光復初期的一段不長的時間，曾經是社會的主要潮流。譬如，作家呂赫若也很快地用不嫺熟的白話文寫了極短篇小說〈改姓名〉，嘲諷了日據末期少數台灣御用士紳的「改姓名」問題。可惜，這種台灣社會內部自我「去殖民」的潮流，卻在陳儀政府的不當施政下中挫了。

第三節、新台灣的建設

如果要以一句話來總括光復時期的精神特徵的話，那就是「高昂的民族意識和民族情感」；不管曾是御用士紳的人或是反日份子也好，是左派或右派也好，不論階級或歷史背景，高昂的民族意識曾是共同的精神特徵。同時，大家也都認識到，台灣脫離日本殖民統治復歸祖國，成為中國的一行省的「光復」，只是一個新的起點，再過來還有許多的問題亟待解決，就像林茂生擬孫文遺囑所說的話：「光復仍未成功，同志仍須努力」；也正如林麗明文章的題目—台灣光復後的新使命所指的一樣，如何建設新的台灣，是光復後的新時代課題。

民族意識之外的科學、民主意識

本書編選的許多議論光復的文章，使我們理解到，當時不論是本省知識人或大陸來台的外省知識人，他們對光復後的新台灣建設的問題，有多元且具進步性、建設性的觀點。他們並非只是被動地接受光復，而是主動積極去思考建設；這些議論並非只有高昂的民族意識，而且還有豐富的科學、民主意識。

三愚的〈台灣光復以後〉，提出了許多對台灣光復後的基本問題的看法。他首先指出：台灣雖已光復，但日本的語言、日本人、日本產業等殖民物還存在，亦即要如何「去殖民」是一個大問題。針對這問題，謝南光在〈光復後的新台灣〉中主張不要留用日人，日人要一律遣還。謝南光的這種意見是當時絕大多數人的意見，然而，陳儀政府卻採取了留用日人的政策，這引起了台灣民眾極大的不滿。關於日資日產，謝南光也主張應該由人民去經營，不要冒充國策維持不正當的經濟利益，不要與民爭利，應該要注意「民族團結」，以防止「政治破局」。然而，國民政府卻逆道而行，其結果，眞如謝南光所預言的，終走上了二二八的政治破局。

關於如何看待當時滯留台灣的五十萬日人、日軍這個問題，《新生報》社論〈受降觀禮與慶祝光復〉文中說：國家與個人是兩個不同的範疇，我們仇恨日本國家，但未必仇恨日本人民，但日本人應該要忠實的履行投降條款，且應服膺眞理，不必悲哀也不可傲慢，同時更要重新認識中國。對這個問題，《民報》社論〈爲在台日人設想〉也有相同的看法。

要盡作為主人的義務

三愚文中指出，光復後的台灣同胞要開始盡作爲主人的義務，且說「台灣興亡妳們有責任了」，而且要臺灣同胞積極關心並參與政治。《新生報》社論〈受降觀禮與慶祝光復〉中也說：「前日我們是奴隸，今天我們是主人，做了主人責任加重了」，要求台灣民眾要警惕與自強不息。針對八月十五日以後，亦即台灣解放後，有許多台灣民眾過度興奮，歡天喜地以致「花天酒地」的現象，《台灣新報》小專欄就曾警告大家不要過頭而成了「驚天動地」、「呼天叫地」。許多文章都呼籲台灣民眾要「自肅自戒」。介舟（郭秋生）在〈台灣光復歌〉的最後，勸告大家要「著認眞、著知足、守禮節、再建設新台灣、莫損青天白日旗」。另外他在〈我們要三大努力〉文中指出，第一要「努力做得國民」，第二要「努力鄉土的復興」，第三要「努力做得四大強國之一國民」。

精神上的去殖民

有一些台灣知識份子除了關心前述關於台人要自我要求、要自肅自戒的問題之外，更進一步積極地對台灣社會精神上殘留的殖民問題進行「去殖民」。譬如，林萍心在一九四五年九月二十八日，國民政府官員還未來台之前，便寫了〈我們新的任務開始了──給台灣知識階級〉，他說：

「現在是『夜』與『晝』交替的時代，是需要我們知識人不辭勞苦爲我們的新國家，新鄉土重新建設的時代……舊的還沒有毀滅，新的剛剛誕生……」

他主張的台灣知識階級的「新的任務」，就是要利用國語普及會或夜學會，去做種種街頭宣傳；通過召開定期宣講，利用廣播、新聞雜誌、小冊子或者流動小劇團，去對台灣民眾進行初步的啓蒙運動。主要要介紹中國革命歷史、五四運動或三民主義淺說等，或更進一步檢討過去日本帝國主義下台灣各方面，如警察、私刑、思想犯或皇民化運動等問題。他認爲：「大多數台灣同胞受盡了五十年日本奴隸教育，他們中間大部份已成了機械的愚民，而小部份已成爲了極爲危險性的『準日本人』。有些甚至「具備了最毒最深的頑固日本精神，他們血液裡流著了無數『天皇』、『大和』等等不可救藥的毒」。

他說：「在這版圖光復，鄉土建設的大目標下，我們知識人應是媒介，應是橋樑」，大家要在最短時間去感化這些台灣同胞，使他們認識祖國，改掉「大和魂」思想，個個成爲健全的國民，走上建設新台灣，建設新中國的大路去。

當時的《台灣新報》，《民報》或三青團，卻不斷批評且呼籲「御用紳士」應該退場反省，且不斷催促改姓名及日籍台胞等「不相信自己民族的」人，要反省並回到民族立場，這些都是屬於光復後進步的台灣知識份子積極去殖民的範例。

第四節、台灣教育的再出發

初被任命爲行政長官的陳儀，在九月初於重慶召開的第一次記者會上，關於台灣的施政工作要點，他首先舉出的便是歷史、文化、語言的教育問題。不只是陳儀如此，台灣菁英也都十分重視教育問題。譬如林茂生、林獻堂在慶典的致辭中也頻頻強調教育問題；廖文奎在〈思想光復論〉文中，也強調：「台灣之重建，須以文化教育爲本」。林麗明在〈台灣光復後新使命〉文中，首先舉出的「新使命」，便是教育重建與思想改造：他主張要「掃除殖民地教育制度和奴化思想」，「灌輸民主、自由的革命時代思潮和三民主義理論」，「普及教育、尤其注重我國語文的普及」等。

而陳儀等國府官員還未來台之前，《台灣新報》的社論〈教育與民族精神〉，便主張台灣新教育的去殖民化和民族化，認爲「現在教育界的日人、日語，絕對不可再用」，因爲這對培養台灣的民族精神有很大的阻害。同報社論〈台灣教育的再出發〉，有七點主張，每一點都是眞知灼見，突顯了與過去的殖民地教育完全不一樣的「國民教育」的精神，其內容如下：

1. 徹底理解中國歷史文化，來恢復民族性格。
2. 養成民族自尊，滅除過去之卑屈態度。
3. 使理解中國革命歷史，建設民主民族國家。
4. 振興科學教育
5. 注重婦女教育。
6. 失學同胞的識字運動。
7. 吸收國際智慧，使其理解世界。

學作人、作主人、作中國人、作世界人

長官公署教育處副處長宋斐如，在台北廣播電台的演講——〈如何改進台灣文化教育〉（後刊載於《人民導報》）中，說：

「今日，台灣文化教育的改造問題，和國內新收復區，自有根本不同的地方，絕對不是表面的、事務的、或單純的接收問題而已。實際上最重要之點，在於本質的改造，正統的接續、世界新文化的灌注。從此原則出發，台灣今日的文化教育改造的重點，應該放在下列各點，也可以說是三大原則」。

他所指出的三點，要改進台灣文化教育的目標，也就是通過教育要使台灣民眾達到的目標大略如下：

1. 學習作人、作主人。
2. 作中國人。
3. 作世界人。

第五節、請愛護台灣這片淨土

三愚在〈台灣光復以後〉，對光復後的新使命，另外提出很重要的論點。他指出一個根本問題，他說：

「光復是求進步，並不是復元」，這種說法與楊雲萍在《民報》上的一篇文章，批評世風說：「光復並不是復古」一樣，都指摘了台灣光復後出現的許多落伍的封建事務和現象。

另外，三愚又指出：

「光復不只是復歸到中華民國，而是要建設一個三民主義民主國家，要全民康樂富強。」

他也奉勸來台公務員，不要把中國政治的種種腐敗、貪污、敷衍等惡習帶到台灣來。《新生報》社論〈對來台工作人員的希望〉，也對公務員提出更具體的要求，它說：「要以新人自任，革除內地一切不良習慣……生活要嚴肅，態度要謙和，工作要負責……」。在《人民導報》轉載上海《大公報》的文章〈請愛護台灣這片淨土〉中，對國民政府提出了一個十分重要的諍言，它說：

「要爲國家保持這一筆大資本，不要把台灣的力量投入內戰，更不要把台灣人的腦子投入黨爭。」

言者諄諄、聽者藐藐，國民政府不但把台灣當成內戰的資源，更使台灣成了國民黨各派系人馬政爭、黨爭的舞台。不幸的，這些問題在光復的亢奮稍戢的一九四六年，便已經開始出現。

婦女解放運動

隨著台灣的光復帶來的另一片光明的天地，使台灣社會歷史向前踏進一大步的事物，便是與殖民期完全不同的婦女運動。第一份中文報刊《民報》，在一九四五年十二月九日便出刊了史上第一個婦女副刊——「新婦女」。當時最龐大的，最有影響力的民間政治團體——三民主義青年團，它的組織與宣傳口號中，婦女解放是很重要的一環。當時的三青團婦女股負責人嚴秀峯女士的〈告女同胞〉文中，說：「勝利只是民族上的解放」，而如何建設與創造三民主義的新中國的新台灣更是重要的工作，其中女性的解放工作，更是重要的構成。他嚴厲地批評道：

「在封建專制下，我們不是「人」，是社會「裝飾品」……要做一個眞正人類的「人」……要摧毀封建勢力的枷鎖。」

署名若葉的婦女運動者，在〈起來，姐妹們！〉文中說：

「現在天確已亮了，晨曦照遍大地，坦途顯露在我們的面前，正是我們啓程的時候……我們要爭取社會上的地位，無論是在政治上、經濟上、婚姻上、我們要力爭一個人應享受的權利、在權利上我們要求不應有任何的差別，男女的差別，同時我們婦女也要盡每一個人應盡的義務。」

他列舉了在教育上、政治上、經濟上男女平等的具體要求。在文末高呼：

「我們要爭取我們的地位！
起來吧！我們不再是奴隸！」

餘話

想起了原住民歌手胡德夫吟唱的一首歌——「最遙遠的路」。從七十年代一路踉蹌走來，到頭髮斑白才出版第一張專輯的胡德夫，在吟唱這首歌時，把生命的了悟昇華成簡單而感人的詩，他歌道：

這是最最遙遠路程
來到最接近你的地方
……
你我需遍扣每扇遠方的門
才能找到自己的門　自己的人
……
你我需穿透每場虛幻的夢
最後才能走進自己的田　自己的門
……
這是最最遙遠的路程
來到以前出發的地方

同樣的，台灣的社會，台灣的人們，要走多遙遠的路，要遍扣多少扇遠方的門，要穿透多少場虛幻的夢，才能來到以前出發的地方，走進自己的門，自己的田。

直到六十周年的今天，我們才來到了以前出發的地方—台灣戰後的出發點。希望這本詩文集，能帶大家來到共同的出發點。

得以完成這本書，首先要感謝內人尤麗英女士和年青朋友社發所的李俊慧，還有封面設計的吳思怡。從整理雜亂又模糊的舊資料起，一直到打字校稿，沒有他們奉獻的協助，這些史料仍然是散處各地的文字而已，不會呈現出清楚的文化面貌。也謝謝印刻的初安民先生，沒有他的概然相助，這本書也不會出現在讀者的眼前。總之，完成了這本書，也算對光復六十周年有了一個交代，至於這本書會發揮多少作用，那只有交給大時代了。

補記：

本書中許多資料因年代久遠無法查詢，故以「□」表示。

目錄

第一輯——光復文學

一、新文學作品

二、光復詩詞

三、光復歌謠

四、光復標語

第二輯——光復言論

一、光復的意義

二、光復後的新使命

三、創刊、創立宗旨

四、光復慶典的記錄（受降、國慶、光復）

五、光復後教育、語言

六、婦女運動、原住民

第一輯——

光復文學

一、新文學作品

重見祖國之日

——臺灣文學今後的前進目標

賴　明　弘

《新文學》「第二期」

一九四六年二月

『新文學』創刊號有一篇范泉先生的『論臺灣文學』，我讀後覺得異常興奮，對於祖國文化界漸漸關心我們臺灣的文化一點，從事臺灣文學工作多年的人，應該要表示極大的敬意與感謝。

自從獰猛的日寇手中完全解放以後，即我們將近七百萬的『孤兒』，自重回到中國『慈母』的懷抱那一天起，每一個臺灣人都被興奮、流涕、狂歡的情緒所籠罩，每一個人都爲要做中華民國的國民而感著無限的喜悅與鼓舞。同時每一個人都具有堅決的決心，預備要做一個完成的國民，因此內心個個均期待祖國帶來好的政治，好的文化，好的教育施行於臺灣。我們深信；祖國一定能夠依符我們的期待，把五十年來一切的隔膜，能在短時期內予以打銷，而很快地重新精誠合作。

范泉先生引述亞夫先生的臺灣文學理論與其劃分四時期，大致可謂正面。毫無疑問的，臺灣文學的主流，決不是以在臺灣的日人爲中心的文學活動，（其實他們的文學作品中，沒有臺灣人的靈魂存在著，所以絕少引出臺人的關心與反響。）乃是臺灣人自己的文學運動，才是臺灣民族文學的唯一主體。

臺灣文學的第二期，受了中國文學革命的重大刺激，居然對以前的臺灣舊文學，英勇地豎起反抗改革的幟旗。從此臺灣文學便踏入新時代的潮流，開始其創造新文學。這個時期，臺灣產生了不少的傑作，都是有達到文學水準的作品。例如被視爲臺灣的魯迅之賴和（筆名甫三，懶雲等，他竟於一九四三年不堪日寇的威迫拘禁而致憤死。）在此時期發表了很多的傑作。又如被稱爲臺灣創作界麒麟兒之朱點人，或蔡愁桐，楊守愚等，在這時期中，曾經發表了許多值得注視的作品。

同這一時期，我曾與黃石輝，郭秋生等展開了一場關於『臺灣鄉土文學』的論爭。黃郭等的主張是以創造臺灣話文來寫作我們臺灣的鄉土文學，其理論根據是與當時臺灣的環境□□□□□希望推廣中國白話文，而且白話文與臺灣話有相當的距離，故必須創造另一種的臺灣話文。我即徹底加以反對，我的反對理由在表面上大約如下：

（一）我認爲臺灣話是中國的地方方言之一，我們必須與中國文化思想不斷地交流，如果另創設一種臺灣話文，可能阻礙雙方的文化思想之溝通，而使中國與臺灣的關係越是隔閡。

（二）社會的進化，應使文字愈爲簡單統一，不應使之愈爲複雜而分立，臺灣本來就沒有特殊的文字，故提倡採取中國白話文，對統一文字上，有多大的貢獻。我們無妨在文章裏，儘量插入臺灣普遍的地方方言以及俗語，以此建設大眾文學。

（三）日人的文化政策既然彈壓白話文的成長，那麼臺灣話文當遭受同一的命運，其無法存在與成長乃瞭如睹火。故與其提倡無法普及的新一種話文，不如努力去推廣已有相當根底的白話文爲合理。

由上述的理論大約可以隱約地看出我反對臺灣話的最大目標在那裏，當時我抱著這樣的見解：臺灣的文化絕不可與中國的文化分離，臺灣的民族精神必須經由文字上的聯絡與祖國的民族精神密切聯攜在一起。臺灣亦由此可以排擊日本奴化的政策。不但如此，我們可由文字上與文化思想上的聯攜，來共同展開對日的民族鬥爭。我始終堅持著這一目標。嗣後臺灣話文不能誕生便見消失，兼之日增月加地，日本語強行普及的壓力逐漸加強起來，事變前後中文竟被禁用。當時同志們的扼腕悲憤眞是痛絕！

然而一旦在臺灣播種的新文學之根苗，由同志們苦心保護與力守，畢竟沒有被完全消滅。許多臺灣文學工作者，在艱困威脅重重的情形下，默默地以中文創作，有的即回來祖國涵養祖國之文學，恰似祖國八年的堅忍抗戰一樣，他們不斷地努力寫作，正待著儘量而可自由發表的今日來臨。還有許多文學工作者，委曲求全地利用日文的表現形式，嘗試並且努力創作臺灣民族自己的文章，其中也有不乏佳作。

這樣在此半個世紀中，臺灣與祖國的政治、經濟、教育等一切關係，雖然遭受日寇嚴格的截斷，但是貫穿文化思想的民族精神之火把，終能熊熊地被承繼，這重要的一線終於被堅守著，所以今日整個的臺灣民族仍然是活在中國民族的大海裏。

現在我們在痛哭與無限的歡忭中再投入祖國來，自可不必再打迂迴的路線，直接可能跑入坦坦的大道了。不消說，五十年來的特殊環境，造成了很多特殊的狀態，因爲其重重的壓迫下，文學自身所展開的步驟不免緩慢，雖有相當可觀，但還不能趕上祖國新文學的最高水準，臺灣文學的偉大成就，當待於將來。不過有一層值得一記的是：臺灣文學工作者，雖然在日寇的威脅下，但在此五十年內，比較有很多的機會，去接觸及攝取英、法、蘇等各國的文學傑作，或由日文的繙譯或自原文讀習。

范泉先生之『論臺灣文學』裏面明白指出：『「臺灣文學始終是中國文學的一個支流」，而且臺灣文學與中國文學是不可分，前者是屬於後者的一環。現在的臺灣文學，則已進入建設時期的開端。臺灣文學站在中國文學的一個部位裏，盡了它最大的努力，發揮了中國文學的古有傳統，從而更建立起新時代和新社會所需要的，屬於中國文學的臺灣新文學。』

對於這種見解，我表示同意。臺灣既然復成為中國疆土的一部份，那麼，無論是政治，經濟，文化，教育等各部門，已經不能再離開祖國而單獨理論或劃分立說。我們今後將要努力創造的臺灣新文學，亦即是由中國文學的一部份，換句話說；臺灣的文學工作者也就是中國的文學工作者。

完成抗戰，獲得勝利以後的祖國之政治，正向著民主與統一，團結的路線挺進，文化藝術的分野自然也不能例外，尤其是文學亦必須加緊地指向寫實主義的大眾文學之路線走去。從前的貴族，浪漫，自然耽美，象徵等等一切的文學已成為我們過去的遺產，我們的時代，正是要建設人民的自由與美滿而幸滿的社會，藝術也擔任著一個重要的任務。今後我們的文學精神，必須傾注在這意義上的工作，臺灣文學今後的目標，亦應循此路邁進。

臺灣文學能不能做為中國文學的一個有力的旗手，不待言這是胥視全臺灣的文學工作者的努力與苦幹。但同時非常需要祖國的文學先輩作家及文化界人士，予以指導與勗勉。是故我想在這裏向祖國文化界提議設置一個滬臺文化聯誼會，藉此以完成迅速而密切聯結祖國與臺灣文化思想的任務。現在可預料今後將有祖國文化界人士蒞臨臺灣攷察或指導臺灣文化的進展，或臺灣文化人將有大批到祖國來更深的研究祖國的文化，或送作品到這裏來發表。為著促進雙方的接近與打成一片，我相信這個工作是不可或缺的，而且我相信我這個提議，會得到祖國文化人士的贊同與參加，共底於成。

最後，我冒昧代表臺灣許多文學工作者，向祖國文化界人士，由衷心致最誠摯的敬意。

我們的「等路」
——臺灣的文藝與學術

楊雲萍

《民報》「學林」副刊
一九四五年十二月二日

一

離家的兒子，忍，父母的懷抱　在父母自身只看見了久別的兒子的無恙的樣子，就歡喜滿足了一定沒有想要苛求兒子帶甚麼「等路」來孝敬他，可是在兒子的常情，雖是飽盡風塵，衣敝，裘破，也想攜帶了一點東西，當做「等路」，呈給父母。臺灣光復後，我們對於祖國，或祖國的文學界、學術界，常常作如是想，可是這個經過了二十年多年的悲風慘受盡了摧殘暴的負弱的兒子果有，而能攜帶了一點「等路」。

二

從文字界說我們的語言的大部分，是被日人掠奪，失去我們的表現的手段，這是致命的可是一面卻因為由「日語」的媒介，得接觸世界的一流的文學。所以我們雖是其數不多，卻對於文學的鑑賞、或是評價自信祖國的人們的一部，正確些譬如舉例罷，祖國內地的所謂第一流的作家，常舉茅盾，巴金諸氏等。可是老實說，他們的作品，在我們看，也不過如此如此而已，再具體的說罷譬如巴金的創作「滅亡」是風行一時的，可是這篇作品不過是一篇低級的「通俗小說」，手法亦不高明略有所取處，就是作者的「熱情」可是這「熱情」是未受理——所終於第一義，像這樣程度的作品，就會風行一時，我們可以推想當時的文學界的程度了。而這程度現在，我們卻沒看見有甚麼提高。

至於「詩」新詩的方面我們欲無如果現在的「詩」作品或是「詩論」的程度率直說，我們的「詩」作品，一般的人們不會理解，所謂「詩人」們的大部分爲也一定不會理解的。

三

關於學術界，因爲自然科學部門，我是門外漢，所以擱起不談。對人文科學部門，我們的感想，也有相當的不敬。雖然我們知道許多值得佩服的學者。例如顧頡剛、馮友蘭、郭沫若其他二三氏。郭氏的文藝作品，我們不想在此提起，可是他的甲骨文金文的研究，中國古代史的研究，是值得敬服的。可是大多數是不能使人滿足的。

以我們的見解，祖國的所謂學者的大多數的「方法」是很陳舊的，他們和世界的學界沒有接觸，他們大多數沒有「方法」的訓練。舉一個例罷，燕京大學歷史學會刊行的「史學年報」在祖國的學術界算是占了很重要的地位。可是其裏面雖有很有價值的文字，例如第二卷第五所載譚其氏的「近代閩南人中之蠻族血統」。但部分是多麼古色蒼然。不過不要誤解的，就是我們不是在說學者一定要到東洋或是歐美留學的。因爲我們知道所謂「留美」、「留法」或是「留日」的「學者」們的一部分的何等迂腐可笑。我們從事於學術的人們，雖很少數又受日人的壓迫；制限。可是，至少可說我們時時努力和世界的學界相接觸，訓練我們的「方法」。我們因爲受禁止，不能盡足地發表我們的成果，但是我們所發表的知篇斷章，或可以看我們的努力。

四

以上我們率直地說了許多話。自知說得過於自負過於自誇。但是我們正想用此「自負」處，「自誇」處以爲復歸祖國此時的「等路」換句話說，對於祖國的文學界，我們想用「批評」，對於學術界，我們想用「方法」做「等路」，思得以貢獻祖國的文學界、學術界，不知道它們喜欣接收我們的「等路」否？反正我們是一家團聚了。我們的「孝敬」的心情卻是虔誠而眞摰的。三十四年十月三十日稿習靜樓。

（筆者本報社論委員兼學林主編）

我與祖國文學

秋　鴻

《民報》「學林」副刊
一九四五年十二月三十日

我立意要寫這個題目的以前，首先要介紹我自已，我是生于本省，而且是一個平凡的青年，以本省人的立場來寫這個題目，我想，是誰也喜歡知道這個過程的事實。

×　×　×

我自幼生長在一個貧窮的家，在七、八歲的時候，看見鄰佑的孩子們被他們的父母攜進日本設立的公學校讀書，還有些在臺華僑的人家，也許有的不願受日人教育，攜帶他們的子女們到附近的漢文書房讀書，這時候，沒有慾念的我，不知怎樣也和我的母親鬧著讀書，那時，我的母親向我說：「我們是窮苦，乖孩子，你總曉得，現在你年紀還少，讀書不過多費錢財而已，那能學到甚麼呢，你如果愛讀，那，等待十歲的時候，我才給你進漢文書房讀書，因爲我想讀漢文是比較有用才對！」

「母親！讀漢文書房是不是像鄰佑的進發讀的那樣的書嗎？」我急急追問這一句。「不錯！」母親再答我於是，我十分狂喜了，巴不得十歲的時期趕快來臨。

時光像過眼般似的，眞的我十歲的時期到了我的母親居然主張給我進入附近一個漢文書房，一個窮苦的孩子，能得進入這狹小的書房，我也心滿意足了。

在書房讀書的時候，我，分頂勤認字，這個幸福的美夢，足足做了年之久後來，我的家境更苦了，時，我也十四歲了，我的腦裏尸浮現實社會上去服務的念頭，可是那時社會一般會社、商店、皆要日本設立的學校畢業者因爲他們會說日本語，因此，我託人問來問去皆碰釘子，說沒有讀日本語，是不合時宜，唉！這時的我，眞是有冤沒有伸了，我哭向我的母親說：「母親！要怎樣好呢！我讀的漢文是沒有用了，他們要的是會說日本語？」

「乖孩子，不要緊，你慢慢等待機會，到無可如何的時，才去學木匠的弟子吧！」母親這樣安慰我，唉！日人治下識漢文的人，運命是這麼惡劣呀，不但不能抬起頭，並且須做著人家不願做的下層工作。嗣後，我的運命，也算好些，不久由鄰人介紹到一間舖子做夥計，那東家也許識漢文的關係，他爲了同情我，所以把我錄用了，我幸得入這舖子做夥計，在社會上奮鬥掙扎，不知不覺我發現我在書房所讀的漢文，和社會上有些異樣了，於是，我非常懷疑起來，同時我覺得我讀書並不怎樣愚鈍，爲甚麼離現實那麼遠呢？以後，我漸漸明瞭我的學力淺深，拼命地自習起來，好在當時臺灣新民報上，還有載著漢文，我非常熱心一究，後來，我對于小說方面覺得有趣了，我開始進白話文的途徑，便是這時候了，最初我讀舊小說是「狸貓換太子」一書，白話小說是當時盛行的「可愛的仇人」，經過一年之後，我感到臺灣的小說無味了，於是開始接觸祖國移來的書籍，那時，我在友人處得到若干的好書本，如魯迅、周作人、郁達夫、郭沫若、巴金、沈從文冰心等的名著，自從我接觸這許多的書本後，好像得了至寶似的，幾乎廢寢忘食，不斷地吟味，後來也知道這一批的作者，大都是祖國的大文豪，當代文壇的健將，於是我更加熱心研鑽，同時已得到不少新文學的常識了。

一九三九年正當我十八歲的時候，我便開始嘗試學寫作，然而當時社會上一般的刊物，漢文幾乎被廢止了，只有惟一純漢文半月刊的風日報，還在苟延殘喘，我開始寫作的東西，亦只有投寄在這個刊物，當我頭一次把稿寄出之後，我的心裏，每天覺得非常不安，因爲在擔憂被發回，在我熱望中，我的作品，居然被刊出了，我十分狂喜，於是，我繼續再寫作起來，以後寄去的稿刊，陸續皆被登出，這時我的膽子放大一點了。

這樣高興地繼續寫作了兩年之久，漸漸地覺得沒有意味起來，因爲日本當局無論對任何一件事物，都竭力抑制漢文，甚至消滅漢文，我們苦學青年雖然有若大的苦心，爲祖國振興學文，可是無論如何是不能得到好的反應，因此，我索性不再寫作了，只在暗中繼續自習自慰。

時代的巨輪，由崎嶇道路轉入平坦大道了，無論是誰都從恐怖的旋渦中回轉過來溫和的鄉里。

八・一五停戰的鐘聲響了，時祖國復了臺灣，臺灣各地的人民，十分歡喜，尤其省會臺北更空前未曾有的盛況「歡迎會」，幾乎把不久的以前被炸彈洗禮的情形，都忘得乾乾淨淨了，臺灣人愛祖國的熱心，由此可見一斑，可是一直到現在，已漸漸恢復平常，這是應有的過程，但自祖國官員蒞臺主政，也許人手不足，事事還未能週至，人民未免感到失望，尤其是官界還留用日人，本省人似乎大都表示不滿，這都是民族意識強盛的像徵。

並不是我要誇張一點，本省人，像我會寫這些不算文章的文字，如果我的本省的同胞撒謊說「我是從祖國到來」我想，是誰也不敢否認，而且全臺灣省，像我這樣苦學祖國文學的青年，不知凡幾，那末，我相信臺灣人至有強大的民族意識潛在著。

最後，我還要向全省人喊聲提唱「祖國文學啓蒙運動」因爲過去我們同胞，皆受日人不健全的教育，從中舞弊，封鎖我們接觸祖國固有的文化，所以一切無從知曉，文學是文化的源流，若要明白祖國一切的事情，非從文學做起不可，但是我們臺灣同胞對于國文大多數還不能徹底領會，所以要竭力提倡「祖國文學啓蒙運動」，那末，我希望全省官民協力，一齊起來推進「祖國文學啓蒙運動」巨輪吧……

一九四五年十二日稿于稻江

我的回憶錄（三）

——被分裂的民族

王白淵

《政經報》一卷四號
一九四五年十二月十日

民國十年三月畢業臺北師範的我，照普通一樣，回到員林地方的鄉下，當公學校教員去，那時候我剛剛廿歲。溪湖是一個靠近海口物資豐富的好地方，民情樸素而敦厚。我擔任第四年級的男學生，那時候我只有教育的熱情，天天快樂地工作，好好地和小孩子們玩，我好像很幸福似的。但是現實的社會告訴我，臺灣顯然有壓迫和被壓迫民族的存在，日本人和臺灣人的鴻溝——這不能消滅的對立，一天一天地在我的面前展開起來。蔣渭水先生（這一位民族的先覺者，他決是臺灣民族的英雄，他到死只為大眾，一點沒有軟化，一點都不妥協）領導的初期文化協會，確實叫醒了許多被壓迫的大眾。我在這民族運動裡感觸到一點的光明，但是四面環海的臺灣，特別是唯一的救星，中國還在軍閥混戰之中，那裡可達到此種目的呢？我非常同情他們的心志，特別欽服蔣先生的為人，然不加入他們的運動。一年後我被調回故鄉二水公學校，五年間離開了家庭的我，竟回到雙親慈愛之巢，過著一家團欒的生活。但是已經知道社會苦悶的我，不能在溫柔的家庭裡過著平凡的生活了。父親喜歡我在鄉下做一個小紳士，母親更喜歡我在她的傍邊，過著晚景的生活。但是我內心的苦悶一天比一天深下去。那時候我偶然買到一部工藤好美氏的著作，名謂『人間文化的出發』一書。這個富有藝術天才的日本自由主義者，使我的人生決定了一個的方向。該書中的幾篇文章非常使我感激。原始人的夢——這理性以前的世界，混沌底生命感，未分歧的人生，使我了解藝術的祕密，更叫醒我未發的藝術意欲。杜斯杜要扶斯基的人間苦一篇，使我了解人生二元世界的存在，精神和物質，永生和死滅，基督教思想和希臘思想的對立。因此我的內心亦顯然地，感觸到這樣人生二元的相剋。

密列禮讚一篇，竟使我人生重大底轉向，這當然是我母親遺傳給我的美術素質使其然，但是密列——這一位偉大底法國近世畫家清高的一生，非常使我感激之故。我的母親——這鄉下的姑娘，今年七十九歲，還康健的生存著，很富有美術天才。她當然沒有受過美術的專門教育，更沒有拜過任何人爲老師，但是她所畫的線條，在受過美術專門教育的我看來，還是非常底高雅，非常音樂的，可惜她的畫都散逸，並無留下一張。我常常嘆氣，嘆著環境不能使我做一個純粹美術家，現在還是如此。殖民地——在被征服民族與帝國主義者的殘暴，不斷地對立的社會，一切事業盡是操在日人之手。臺灣同胞根本沒有出路，智識階級都是一個一個變成高等遊民，只有學過醫學的人，比較有一點出路而已。在這樣底歷史的環境裡，我煩悶著抱恨著，結果想做一個臺灣的密列，站在象牙塔裡，過著我的一生。由此我開始研究油繪。

一年後我亦感覺到有一點進步，社會人士亦認識我有相當的美術天資。因此我想到東京專門研究美術，老謝那時候已經進東京高等師範文科第一類，我幾次徵求他的意見，又向總督府文教當局接洽，結果竟做總督府的留學生到東京，進東京美術學校。誰知想做臺灣的密列的我，不但做不成，竟不能滿足美術，從美術到文學，從文學到政治，社會科學去了。由此我的半生充滿著苦悶，鬥爭和受難的生活，這當然是日本帝國主義殘暴使其然，但，亦是一個和眞理以外不能妥協的我的性格所致。在殖民地長大的人，特別是智識份子的去向，異常複雜。在日本帝國主義無微不至專制之下，不願意做奴隸的人們，特別是富有革命性的人，只有到處碰壁，煩悶，反抗，流浪，入獄。這種人可說是臺灣的良心。未來的聖火，這枝聖火不僅在臺灣，又是在日本，又是在中國國內不斷地閃耀著。

在多數普通的人們，只在日本帝國主義淫威之下，委曲求全，而謀小利，以養自己和家族，他們的見解一樣消極一樣自私。但這卻毫無足怪。因爲日本帝國主義——這一隻瘋狗，好像永遠不能消滅的猛虎一樣，站在他們的面前，不斷地威迫著，不斷地咆哮著。至於『御用紳士』者，即士豪劣紳，在國民革命過程中應該芟除的污物。但是在臺灣還沒有消滅，反而到處登場，好像臺灣的光復，是他們的力量一樣，意氣揚揚地東奔西走。這民族無恥的敵人，若不完全下臺，臺灣的民主政治，眞是談不到的。所謂『御用紳士』——即帝國主義時代的奴隸監督者。古昔羅馬帝國時，有一種奴隸監督者，因爲當時的社會明分兩種的階級，即是自由民和奴隸，羅馬完全是一個奴隸國家，自由民和奴隸的對立非常厲害，非常深刻。自由民因要統治奴隸階級起見，將奴隸階級中最富有奴隸根性的奴隸，起用爲奴隸監督者，使其監視奴隸們的反抗，防止其叛亂。這可說是古代的『御用紳士』。羅馬有一句俗語，云：『奴隸監督者比主人更兇』——但是這毒棘無比的政治手段，還不能消滅奴隸們的自主與反抗，竟發生不斷的奴隸叛亂，特別是斯巴爾塔咖斯所領導的，大規模的奴隸叛亂最大，雖其終局失敗，但是羅馬亦不能不有從前的繁榮，一向沒落而崩壞。五十年間站在臺灣的現代的羅馬，竟被推翻，然奴隸監督者依然健在。革命——這多麼使人家懷念，使人家犧牲，使人家失望的名詞呀！光復不過亦是如此。前年我在臺北碰到二十年前，使我的人生一大轉向的工藤好美先生，那時候他在臺北帝國大學擔任英文學助教授。聽說已來過十六年之久。有一次在宴席裡，我曾向他說：『工藤先生，我在二十年前讀過先生的大作「人間文化的出發」，因此到東京研究藝術，就此以來曾受過很多的人生波折，我應該感謝你的，還是要怨恨你的？』

他搖搖頭，笑一笑，只默默地並無發出一語。

起點

吳瀛濤

《民報》「學林」
一五四五年十二月二十七日

自戰爭終結後，趕快地經過四個月的日子。

民國三十四年——確實在歷史上永遠記念的年歲，也算殘無幾天。年底的這一天，在家裡的克生，整頓著他的書廚的時候，想不到一把上幾年前寫下去的古日記以及甚至一些情文都可叮嚀嚀地保存在房裡。對發見了那些東西，克生未免不生情起來，自然覺出著無限的回顧，千緒萬緒……。那一去不再來的什麼青春的記錄，原來是多麼貴重的。他翻翻讀讀，禁不住深深著感懷，感懷那麼純眞、美麗、快樂、熱烈的幾個青春場面。這樣，他的青春的回想總都是美滿的，但一面除去愛情戀愛的事情以外，同時他也感到著在他的青春時代另有一種的意義和歷史。什麼意義和歷史呢。

臺灣討還了，所謂意義、歷史、簡直就指說他的年輕的那個青春時代是在矮日壓迫下而言的除去甘蜜的戀愛一件事，他的青春有什麼可取可値的地方過去喲。戀愛——唯一的他的天與，其外種種青春的他項快樂，和他遠疏離去，他懂著他要遠離去那麼貴重的青春裡包含在的好多快樂的緣故。

不能到祖國中國去一去，不能進專門學校上學，中學畢業後找一職業也多麼困難，究竟纔能去奉職某公署的下級公務員，但是在那裏的他，遭遇太差別太不平等，是和學校裏的憂鬱一樣的，認分的他，不管著祇是勤勵努力工作下去，然壓迫愈加重，他的心身已經磨耗去太厲害的極點。他們的欺騙用意周到，口號齊齊喊呼什麼皇民化一視同仁——軍國□日未幾釀出了太平洋戰爭，以後，奴隸的臺灣更加不可言到的塗炭之苦，他，克生在那個等候一再強徵去軍夫勞務，後來被迫地志願去服軍，訓練後入營，繼續地配屬到海岸當警備兵，一月比一月的戰敗引起一天比一天的壓苦，克生的生命，和六百萬餘的臺灣人的生命一樣，日夜都在爆擊下的，好像討厭的蟲般祇靠著些少灰暗濁污的空氣纔始會保存絕望裡慘淡的一條氣息……。

臺灣人究竟要絕命嗎，爲什麼不站起來，不抵抗起來呢。忘去祖國了嗎？不，不，決然不是，不是這樣的忘國。所致的現實，看罷，寇日的重壓、剝奪，我們的經濟，財物，損失我們的言語文化——呵，一切都被破壞去了，空手無力的我們，由什麼還能得反抗呢？

正記得在八一五那一天，恰好晴天霹靂轟響，暗雲頓得掃盡，祖國的光芒復來了，想起著四個月前的那些感奮，克生殆乎雙眼眶一時就發紅起來，滿腔的熱淚勃勃地貫上溢出——。那一刻，他抱撫著幾十年匿藏在胸底的精神，毫都不虧不損的一個眞實的精神，愛國的民族精神、中國精神，呵，克生自惡夢裡覺醒啦。那麼，民國三十四年裡的這個三十歲難說不是他的新生的起點吧。

——一面回想到被迫時代的克生，一面把他的希望切切實實地展開向將來的園地。「我們已經是主人，人人都盡是我們中國的主人——」，他深刻這幾句話，「建設三民主義新臺灣建設新臺灣爲中國的模範省」。

克生把那些古日記類靜靜地放下去廚裡，好像永遠要離別它似的投了最後一瞥纔幹整理他的書廚去啦。

呵，過去滲苦的一切早經結束後，克生在熱望前進，向光明的突進。青天的跫音聽得到，冬天已經盡頭了。吶喊吧大家吶喊起來吧。

（十二・十二）

祖國軍來了

旗風飄城市，
鼓聲覆天地，
祖國軍來了！
來得何遲遲！
半世黑暗夜，
今始見朝曦。

大地歡聲高，
同胞義氣昂，
祖國軍來了！
來得何堂堂！
半世為奴隸，

吳新榮

《吳新榮全集》卷一

「亡妻記」

今而喜欲狂。
自恃皇帝裔，
又矜明朝節，
祖國軍來了！
來得何烈烈！
半世破衣冠，
今尚染碧血。

久違了島都

林荊南

《新風》一卷二期
一九四五年十二月十五日

久違了、親愛的島都！
讓我高歌：
頌揚你們過去的奮鬥、慶祝你們現在的光復；祈禱你們未來的昌榮。
喲！一別三秋、
我都托托你們的福、跳出虎口狼坑、露出憔悴的形骸！
那是涸鮒逢霖、別要想爲捲土重來！
我在紅綠燈光之下、讀不了臺灣光復、看不盡河山還我！
我默向那無數的敗瓦頹墻點頭、
喲！我知道：
這些是你們犧牲的痕跡！
同時是你們偉大的景光！
起來罷？

親愛的同志！
誓向青天白日的旗幟下、爲主義竭誠、
爲民族之繁榮而掙扎！以過去隱忍的熱血、
建設人類的康樂。

卅四、十一、十四夜

光復

小兒離開了母親
夜裡不斷的哭著
兒在險暗殘暴裡
慈母為兒斷心腸
求不得　見不得
暗中相呼五十年
夜來風雨而已散
一陽來復到光明
啊！
光復　我父母之邦

王白淵
《臺灣新報》「詞華」
一九四五年十月十一日

臺灣……我希望你

侯耀華

《民報》「學林」副刊
一九四五年十二月二十六日

臺灣——我希望你——
為了正義為了反侵略的八年苦鬥、
你這塊錦繡明媚的河山、
終於重歸祖國的懷抱：
你在帝國軍閥手下受盡了摧殘與創慟。
是奴隸還是羔羊、
這悠長的忍受啊！
早就萌發著今天的熱望：

× × × × × × ×

臺灣——我希望你——
悠長忍受的熱望跟著是真理的表現吧——

三民主義的新臺灣——
這一致的口號、一致的目標、
猶似一枝出了弦的箭——
和 顆射出膛的子彈、
這希望是在幻滅和失望之外！

× × × × × × ×

臺灣——我希望你——
你是一塊肥美的原野、
我們沒有誠見的為工作而辛勤地開墾、
美麗的花朵將開遍在原野的上方。

× × × × × × ×

臺灣——我希望你——
我是永遠記住一個真理…
「當希望的真理（目標）確定以後
我們應該克服一切艱難、
為真理而努力」

臺灣啊！生活在你懷抱的人們——
我是如此真誠的盼望著！

× × × × × × ×

臺灣——我希望你——
祖國在光明的民主道上邁進著、
這里沒有奴隸、更沒有羔羊、
我們應對準目標把這技箭有力的射出、
我們應對準目標
把這顆子彈停止呼吸的射出、
這真理的目標、
將給予辛勤工作者滿意的答報
——三民主義的新臺灣呵——
我是這樣的希望你——

悼

——獻給一位不相識的志士王耀庭君

追光

《臺灣青年》第四期
一九四六年一月一日

聽說你還是一個年輕的囚徒、
有熱的血、堅的心、
硬的頭顱、
七年前你被奪去了幸福、
八年後、你還不能得著自由。

你是中華會館的負責者、
你有無限愛國的熱情、
你是被敵人認為反叛者啊、
在祖國響著砲火的一天、
你却被敵人捉去了。
給加上了無數次的刑罰——

輕的、重的、毒的和辣的、
但一切的刑罰啊！
終不能掩蔽你心的堅強、腦的清醒！

你被囚落在活生生的地獄里、
你咬著牙根、
忍受著多少次恐嚇、
多少次的肉刑。
你心亦不酸、淚也不流
這遍體的鱗傷啊！
卻不嘗屈服過你愛護祖國底心情！

在黑漆的獄中啊、原不只是你一個、
然而你卻昂然地如屹立的山邱、
一切的苦和憤、
一切的悲和恨、
並不會礙得你底冥想、
你卻會靜默地畫著腦海中的蜃樓！

除却了自己、
你是一無所有、
悽涼、孤獨、
一如水上的浮鷗、
獄中、你還有同鎖鍊的伙伴、
人間世、你永不會看見自由！

多麼長的、這八年呀！
這青春的埋葬、
只有死和病、準備著你的進途。
瀕死、你還說：
「被陷落在敵人底血海中的
臺灣的同胞、
年輕的友人、
謹記著、
期待著吧！
好花不常開、
勝利的歡笑呀！

就在八個月後」！

這還不是今年的二月天、
你便擺脫了地獄里的鎖鍊、
忍心的、永別了伶仃的妻兒、
污濁了人寰、
你捨棄了血海中的同志、
囚牢里的伙伴、
你頭也不回、眼也不望、
但你那裡曉得啊！
你的伙伴、你的同志、
他們都為你哭泣、為你悲慟。
但你那裡曉得、
如今啊！
你的兒子做了工廠的服役、
你的妻流落人間當女傭！
他們是耐著辛和苦、
他們更忍著飢和寒、

他們儘有向人前哭泣、
在昏黃的燈光下涕零！
你、不相識的死者——
　年青的友人啊！
你瀕死的言詞哪！
於今算已實現、
我們當真是勝利了、
國土已慶重光！
你的家——臺灣、
的確的歸回在慈母的溫懷。
然而、你啊！
你失去了的靈魂、
永不會再回到人間、
和這些年青的朋友們見面！

是禮拜日的一天、
我同著幾位同志們——
是幾位你往日的伙伴、

動著十數隻不和諧的足步、
踏向了一條長的街、鬧的市、
衝進了一列破落的民房。
信步到你這死者的家。
探探你的妻、
望望你的兒。
他們顯著黃的瞼、
他們穿著破的衣、
他們一聲一哭泣、
一語一悲啼！
這傷心的啼哭呀！
抹起我一陣難言的悲慟、
內心的淒其！

但你、不相識的死者——
年青友人啊！
在今夜、
在那迷人的、

五色的燈光底街頭啊、
你又那里曉得、
這里正站著一位遠隔千餘里的同胞、
是你陌生的同志、
他却踽踽地、
獨來向你悲悼！

卅四．十二．十八　於臺北宿舍中

青天白日旗

龍瑛宗 著／譯

《新風》「創刊號」

一九四五年十一月

今天是龍眼大量上市，阿炳家四周的龍眼樹結得滿枝層層累積的果實，而且也鼓起圓圓的，尤其是今年的售價也不錯。於一日，阿炳挑著龍眼筐，上鎮去銷售了。好久沒有轟炸了，農民們趁著好時光，賣力氣地幹起田園的工作。

「阿爸，沒有轟炸了。帶我上鎮去吧。」

六歲的木順仔，央求著阿炳。

「曉得了。咱們好久沒到鎮上去了。」

父子倆，踩著夏日繁茂的雜草，一步一步地走，終於望見了鎮口，但是，出乎意外地小鎮的表情，竟也改變著。向來沒有精神的街頭巷尾，眨眼間朝氣勃勃地振作起來了。人潮也出奇的多，而臉龐總是笑嘻嘻。

售柴的、售菜的、售龍眼的、售荔枝的。這裏一夥兒，那裏一夥兒，而臉上泛起了生龍活虎的神情，而是從來沒有看過的表情。

乍看之下，牆壁上電線桿子上貼滿了海報。

「臺灣光復」

「感謝祖國」

「建設三民主義的新臺灣」

唸著唸著，難以動搖的實感，把阿炳的身軀裏漲滿起來，陡的一陣惡寒似地心情動盪著。

臺灣光復！首先聽到時，阿炳好像不敢太相信。這是太幸福了，雖然，心內一直盼望著這一天的來臨，但是，始未料想到這麼快了。還是做一場夢嘛，他想。

中華民國！在阿炳來說，好像陌生的遙遠的祖國。爺爺奶奶跟爸娘經常掛在嘴上說的祖國，而祖先們於往昔，便居住在那裏大地上，然後，渡過驚濤駭浪來到了臺灣。

戰爭時期，由於缺乏食糧日本政府強徵稻米，因此警察拷打老百姓時，阿炳便想起了沒有祖國的悲哀。村子裏的土霸王——日本警察簡直是可怕的傢伙，他揮揚著藤條子把老百姓，毫無考慮地亂打亂踢。有的肋骨打斷了，有的噴血了，有的被打得躺下嚎啕大哭，逐一泛現以記憶裏了。

阿炳在想，拚命地在工作，然而，爲什麼這樣地非毆打不可呢？什麼星辰之下出世的臺灣老百姓，沒有祖國的淒涼，竟從心田裏湧上起來了。

誰也在絕望的層底下彷徨著，如果，戰爭繼續打下去，臺灣的老百姓由於缺糧而削瘦枯死，陷於滅亡邊緣。一天又一天，生活以長吁短歎度過日子裏。

突如其來的是日本降伏的謠言。

「喂！你有沒有聽到日本要降伏，是不是？」

阿炳看看四下無人，偷偷地問了一聲鄰舍道：

「禁聲！聲音還大一點，是了，日本眞的降伏了。如果，講了一聲降伏，被日本警察大人聽到的話，那還了得。一定咱們被打得很慘。我告訴你，應該講媾和才是。」

勿論，降伏或是媾和，總是戰爭結束了。阿炳的感情有點茫然自失，稍後，由衷心歡喜的感情便湧上來了。

「如果，沒有戰爭了。咱們可以安心地幹田園的工作。不會徵糧的事，逼人煩惱透了。」

以盤腿坐著安堵感之上，稍後，擔心害怕地又說：

「臺灣究竟會演成怎麼樣呢？那高鼻子碧眼的米國（美國）兵會來這裏麼？」

「這，這個問題麼？恐怕不會吧。臺灣一定歸還中國的領土。」

「是麼？」

阿炳雖然半信半疑，但是鬆了一口氣，覺得新春元旦與節日一齊重逢之感。

果然，臺灣是歸還中國的領土了。阿炳邊售龍眼，邊看牆壁上貼滿的海報；

「臺灣光復」

唸了又唸，陡的覺得身心輕鬆，又好像卸了鞍子的野馬，馳驅於青色天空，而自由自在地在逍遙。

不知不覺地龍眼也售完了。

「龍眼售完了。咱們回家去。」

阿炳獨自個喃喃著，挑起空筐子踩著歸途。

那個時候，孩子的木順仔，似乎吃了一驚地嚷著：

「阿爸，你看看。」

用手以指示街頭的一角。

時序九月，沐浴著閃閃白耀的陽光，穿著白色襯衣的一個男人，手拿著看不慣的旗子迎面而來。男人的旁邊很多的孩子們，跟接著在一塊前來。

白色陽光之下，旗子以清紅色翻過來。定神一看，於左邊隅角青天裏象徵著白日而光芒四射。

阿炳於霎時間又想起了。

「呀！木順仔。那是青天白日旗啦，咱們的新國旗呢。」

「阿爸，好漂亮！買一隻吧，好不好？」

「好，好。到那邊去，給你買國旗去。」

阿炳牽著木順仔的手掌，向著大夥兒那邊跑過去。

木順仔抓住了小型青天白日旗，眼看著木順仔的童顏，呈顯凱旋小將軍的神氣。阿炳也莞爾笑出來。

「很高興麼？」

「是呀！阿爸，趕快給阿娘看看。」

木順仔用力地牽著阿爸的手，奔往夏日繁茂的鄉下路。木順仔以精神飽滿的步伐，揮著揮著新穎的旗子向前往，冷不防地迎面來了一個日本人警察。

霎時間，阿炳想想躲避他。由於拿著青天白日旗子，被土霸王看見了，也許横遭一頓毒打。臺灣的老百姓，對於日本土霸王的害怕，是司空見慣了。由於芝麻小事，他們經常挨揍得滿身紅腫。

「且住……。」

阿炳又想回來，現在，是不是堂堂正正的中國人民麼？害怕什麼呢？阿炳牽著木順仔和旗子，拋棄了彆扭心理，毫不介意地挺胸昂首，搖搖擺擺走過去。警察呆著看他一眼，倒也讓他們走過去。

木順仔陡陡阿爸問了一聲說：

「阿爸，咱們從今以後不做日本人，而做支那人麼？」

「兒子呀！不要叫支那人，應該叫中國人，知道麼？咱們是中國人。」

「中國人？從來沒有聽過呢？」

「嗯！是吧。大家輕蔑咱們，一直叫著支那人、支那人。原來，咱們有了不起的名稱啦。」

「呀！咱們是中國人。」

「木順仔，你要記住做日本人的時候，假如有什麼傑出的才華，還是得不到一官半職。現在時勢變遷了，端看你的用功如何，便可以做官了，你要專心唸書才對。」

「阿爸，知道了。」

木順仔揮舞著旗子，並把嗓子放高叫著：「萬歲！萬歲！」

——本篇原以日文寫成，刊於一九四五年十一月《新風》創刊號

革命呢？反動呢？

——對話劇

螺陽生

《臺灣月刊》一卷一期
一九四六年一月

重慶人：「滬弟，久違了！你從離開臺灣故土，何以老在上海？奧地不去，抗戰不參加，這里也沒幹什麼地下工作，上海眞是你的白相樂園。」

上海人：「渝哥，你知後，不知前。你一向在後方，或許飽受物資痛苦。在淪陷區內的同胞，不但受精神痛苦，許多人不肯做僞官，不能發横財，衣食住的窮困，皇加厲害。我雖然白單無名，談不起也夢想不到無勞之功，可是能夠黃軍無名，我就心滿意足了。」

重慶人：「像你這樣說，難道我們同鄉有掛名黑單上的嗎；」

上海人：「大家都是聰明人，請各人自問良心。無產無知階級，還有故可講。但是有產有識而甘心附逆，或任僞政府作起新貴，或靠敵勢力搶横財的，既然祖國有這種人，臺灣不是天堂，住滿了聖徒，當然不是例外。」

重慶人：「非也。前幾天，我被鄉親歡迎時，在席上既經公言，八一五以前不究，因爲五十年前祖國在馬關條約割臺灣與日本，就情願叫臺胞做日人奴馬，在日本治下，替日人做事，如果祖國人士再有異議，那眞是自相矛盾到極點。八一五以後，大家能效忠國家就算了。」

上海人：「渝哥，你的海量，對酒值得佩服，對人呢，需要三省。在日本治下，替日人做事，像臺胞青年被迫入伍者，眞無別的辦法，該原諒的。可是有產有識之士，追認閩粵祖籍，而做僞官，發臭錢者，是不是應像閩粵漢奸，到黑單上註冊。不然，他們只有權利，絕無義務，天理人情，恐難容許呀？況日本東條，松岡等，生爲十足日本人，一生一世，忠君愛國，徹頭徹尾，何嘗不想替日本帝國任重爭光呢？何以黑單上有他們的名字？豈因聯合國不許他們在過去做日本人嗎？他們有該當之罪；否則窮兵黷武之流，有何警惕？」

重慶人：「哈哈！我不客氣地說，你的腦筋未免太簡單了。按我所知道，有人雖然做僞官，可是目的在搜羅情報；發橫財，目的在協助同志。像汪無水，表面上曾罵重慶，反英美，做僞官，當律師，辦錢業；內裏呢，對於抗戰，功勞不小。四年前，十二月八日以前，他曾寄信給我，密報日本對美備戰的消息，這種事實，我敢以人格擔保。」

上海人：「那麼，眞珠灣的美軍，何以被日人襲擊到一敗塗地呢；」

重慶人：「這都要怪駐眞珠灣的美軍司令官。他們老死不聽我們警告他們的密電。」

上海人：「日本對美備戰，美國三歲小孩恐怕早都知道的。可是你所談起的汪先生又清白又光榮的功勞篇，如果　蔣主席蓋章，特魯曼總統簽字，我在大眾前面必定謝罪認我多嘴之錯。不然，我應該勸你老人家，重慶出來的寶貝，不要妄做上海的保鏢，替閒人僞寫地下工作史。俗謂，英雄難過美人關。但是我並不信，志士難過金錢關，希望志士們不要被CRB包圍著。」

重慶人：「我從少革命到老，絕不致中途變節，你太武斷。我不贊成你的言論態度。」

上海人：「渝哥，請別動氣！有話好好地說！你二十幾年來的革命史，和惡勢力不妥協，和舊勢力不合作，背鄉離井，隻身回國，參加復興和抗戰，不像那些自治運動時代的英雄志士，九一八之後，變成皇民化運動的忠臣孝子之可鄙，你前後一貫的人格和履歷，我很明白，欽仰極了。可是，我盼望你的革命史能堅持一生，今昔如斯，此後也是。一位轟轟烈烈的革命家成爲反動派，他的身價，勢將一落千丈，一文不值。」

重慶人：「時代變異，雖然目的要認清楚，手段可改。現在我覺得所謂惡舊勢力，完全根據各人觀點，若以私人情感用事，則惡舊未見得就惡就舊。大凡現成勢力之値用者，像人力和財力，當利用，赤手空拳，要從下層打起基礎工作，萬不可能。所以我預託章弓長在滬物色臺灣革命份子，都是來者不拒，去者不留。凡決心爲鄉土，爲同胞肯奉獻者，都讓他們加入。」

上海人：「這也奇怪！他所拉的多半新貴暴富，他們如果有革命史，不過剛纔你所說的汪某地下工作篇而已，其他，只在八一五以後，無命可革的革命史罷了。外邊所有革命工作的人們，沒有一個給他看重。旅滬臺胞當中，除同鄉會而外，有革命同盟，新臺灣同志會，臺灣青年復興同志會，臺灣青年學術成志會，臺灣革新協會，臺灣婦女協會等，究竟那個結社是革命，那個是反動，那個掛羊頭，那個賣狗肉，我有眼無珠，辨別不清，特要請教渝哥，可老實指示嗎？」

重慶人：「這件事我剛回到上海正要請問你，我馬上非到辦公室不可，改天再見罷。以後希望你少說話，多做事，少破壞，多建設。」

上海人：「我也正拭目以待你所領導的革命份子，不日能打倒惡勢力，把他們改造起來；能感化舊勢力，把他們矯正起來。並且勸他們絕空談，幹實事，以功以德服人，別以聲以色嚇人。再見罷！」

二、光復詩詞

光復詩詞目錄

祝光復

羅東 張大春

《臺灣新報》「詞華」

一九四五年十月十一日

白日青天幟遍翻、天教臺土得還元、

萬民大慰雲霓望、四海均沾雨露恩、

地賜省□欣特別、文興漢學慶長存、

今朝舉□家家祝、結彩張燈喜莫言。

河山重整古臺灣、此日民皆祝討還、

幸展漢家新氣象、喜瞻祖國舊容顏、

王師迎競簞壺上、吾黨離□水火間、

豈獨烽煙孤島站、中原還舉大刀環。

臺灣光復感賦

張家坤

《臺灣新報》「詞華」

一九四五年十月十三日

姿娑老眼慰蹉跎

七十年華幾劫過

白日青天旗現處

鈞天樂震舊山河。

慶祝光復喜賦

文山 張世英

《臺灣新報》「詞華」
一九四五年十月十四日

欣看旗幟□瀛東。
白日青天滿地紅。
國土收回消國恥。
民權解放浹民衷。
詩□島上煙雲淨。
澤遍人間水乳融。
主義從來欣貫徹。
一心一德共尊崇。

雙十節喜賦

賴子清

《臺灣新報》
一九四五年十月十五日

佳節逢雙十、臺澎景福臻、
河山仍故舊、文物要翻新、
抗戰雖全勝、施為尚苦辛、
情劬恢百業、主義重三民、
智勇仁常勉、英蘇美可親、
誓忠匡祖國、葵藿願能伸。

光復書感

簡祖烈

五十年來屈已伸、
雲開見日物皆春、
臥薪嚐膽需重勵、
漫作蜉蝣寄此身。

《臺灣新報》「詞華」
一九四五年十月十五日

光復感作

謝張福

苦海沉沉五十年、
臺□委棄恨難填、
今朝異族離羈絆、
衽席欣登喜欲顛。
人生種族貴相連、
痛定思維念始堅、
奴隸馬牛經解放、
還歸祖國覩青天。

《臺灣新報》
一九四五年十月十五日

祝臺灣光復

郭茂松

《臺灣新報》

一九四五年十月十六日

家家易幟慶平和、
霸氣消沉狄倒戈、
片土已非秦境界、
雄謨重整和山河、
三民力掃南冠耻、
萬户聲傳白日歌、
靖盡妖氛雞唱起、
婆娑洋上曙光多。

（編註：此詩也曾發表在《新風》第二期 一九四五年十二月十五日）

光復歌

陳文石

《臺灣新報》「詞華」

一九四五年十月十六日

孤島臺灣、五十年間、殖民政策、壓迫千般、差別待遇、□之等閒、今日何幸、祖國歸還、脫離桎梏、到處歡顏。

美麗臺灣、綠水青山、穀倉糖府、富庶無患、靈秀所鍾、人擬仙寰、保此錦繡、祖國歸還、青天白日、到處歡顏。

光復臺灣、樂土安閒、三民主義、行之非艱、善政善我、長治久安、發憤為雄、祖國歸還、光榮民族、到處歡顏。

臺灣光復有感

朴子 楊爾材

《臺灣新報》「詞華」
一九四五年十月十七日

回顧我臺五十年、祖國分離陵谷遷、
傷心同胞六百萬、一樣頑石受秦鞭、
不論笑啼皆有罪、含冤吃苦幾萬千、
幾乎焚書與坑儒、不許漢學一究研、
施行教育惟形式、愚民政策作真詮、
差喜靈光留一線、騷壇吟詠共擁箋、
何幸斯文天未喪、祖國東征唱凱旋、
拯我同胞於水火、臺灣光復賴諸賢、
得脱樊籠與鐵鎖、旗飄白日見青天、
歡迎祖國有司來、萬眾歡呼笑拍肩、
從此歸還還祖國、無復驕陽酷熱煎、
願我同胞六百萬、祖國恩深記拳拳、
奮發精神圖報國、碎骨粉身志要堅、
同心邁進新生路、共享三民與五權、

臺灣光復喜賦

謝尊五

《台灣新報》「詞華」一九四五年十月十七日

年來鏖戰起灰塵、塗炭生靈劇暴秦、霹靂青天消甲冑、融和白日化烽煙、腥風歷劫山河舊、惠露重沾草木新、喜聽弦歌隆郅治、大同義主唱三民。

光復感賦（調滿江紅）

彰化潘□潤

《臺灣新報》「詞華」一九四五年十月十八日

五十年來、嘆羈絆、無從解說、誰料思、此番重見青天白日、橫逆任他恣蹂躪、臺民志未纖毫屈、看如今、光復舊山河、強權滅、

我民族當自決、我宗旨、當貫徹、莫因循觀望、蹉跎歲月、戰後、我須建設、直追邁進、毋休歇、到大同

人類享平和、纔完結。

臺疆還我接收有日因而有感

臺南 拱五

《臺灣新報》「詞華」一九四五年十月十八日

循環天道理當然、
父老睽違五十年、
海國河山歸版籍、
漢官文武□因緣、
黯雲收盡三秋裏、
新幟飄颺萬户前、
劫後悽涼莫回顧、
重興故業賴諸賢。

歡迎國軍

南投 林承郁

《臺灣新報》「詞華」一九四五年十月十九日

萬里騎鯨逐浪奔、
誓除專制敢辭煩、
倘非早俱三生幸、
安得重瞻故國藩、
簞食壺漿欣共迓、
彈煙炮雨漫重論、
要知光復臺澎□、
洗盡中東我役冤。

慶祝光復臺澎

黨國旗欣海島翻、
八年抗戰忍重論、
自由憑此完新局、
專制休教匿舊痕、
簞食共迎忠烈士、
壺漿似近草雞魂、
要知光復臺澎意、
不負前人闢土恩。

雙十節感賦

倪炳煌

《臺灣新報》「詞華」
一九四五年十月二十日

青天輝白日、普照遍臺陽、
滿地紅燦爛、清焰耀八方、
光復美麗島、捷奏婆娑洋、
歡逢新國慶、同胞會一堂、
記憶思保赤、五十有星霜、
人權為蹂躪、尼山道不揚、
自由比今昔、喜淚下雙行、
解絆又雪恥、吾族保餘光、
痛定還思痛、回首感斷腸、
革命追先烈、血濺黃花崗、
競雄傷秋瑾、巾幗仰留芳、
尊崇孫國父、平等立大綱、
三民尚主義、遺訓永煌煌、
大同忠祖國、中原賴扶匡、
八旗爭直搗、覺羅祚云亡、
漢族同化力、強期併扶桑、
亞洲成一統、邦家熾而昌。

慶祝光復臺灣

黃甘棠

《臺灣新報》「藝文」

一九四五年十月二十日

華臺喜共一青天、桎梏容他五十年、
畢竟雌雄歸孰是、古來正義勝強權、
睡獅醒起大中華、威震寰球一吼誇、
億萬同胞齊慶祝、歌聲四起樂無涯、
版圖潤色一番新、四顧江山絕點塵、
將此過江歸省日、回頭嘆息應無人、
堂堂克復舊河山、八載工夫豈等閒、
我願同胞齊奮起、一心建設好臺灣。

臺灣光復誌喜

黃修竹

《臺灣新報》「藝文」

一九四五年十月二十日

青天白日耀中華、
輩出雄才總不差、
志闡三民開世運、
政行一德鞏邦家、
臺澎釋放千秋仰、
童叟嵩呼萬歲譁、
如此恩深兼義重、
誓將恩悃報無涯。

光復感作

莊芳池

《臺灣新報》「藝文」

一九四五年十月二十日

五十年間被壓深、
一朝光復得歡欣、
欲防異族伸強手、
須向同胞激壯心、
美麗河山歸祖國、
文明科學重儒林、
三民主義遺言在、
國父論功合鑄金。

光復有感

（敢用南都詞兄原韻）

鹿港丁瑞乾

《臺灣新報》「詞華」

一九四五年十月二十一日

平原十載起狂瀾、
萬里河山喜尚殘、
簞食已存迎漢節、
經綸未步擲秦冠、
盈樽美酒堪同醉、
闔島耕民盡此歡、
王道不亡留寸草、
昭昭祖德徹心肝。

西螺　江擎甫

《臺灣新報》「詞華」
一九四五年十月二十一日

六百萬民齊感動、
中原王氣海東仲、
只憑威復牛皮地、
何必艦飛鹿耳津、
籠鶴乍寬欣展翅、
釜魚驟冷喜抽薪、
河山美麗終吾土、
家祭虔誠告老親。

光復喜賦

高雄　施子卿

《臺灣新報》「詞華」
一九四五年十月二十一日

舉頭一望日歸中、現出青天滿地紅、
接見同胞光漢族、收除苛政革秦風、
千秋人物淘難盡、萬代衣冠衆所崇、
還我當年□面目、長期建設大瀛東、
軍閥摧殘建偉功、倭奴已失舊時雄、
八年抗戰與中國、一詔投降拜下風、
漢土江山仍錦繡、我臺兄弟脱牢籠、
痛懷革命諸先烈、感戴含恩血淚紅。

臺澎光復陳長官新任喜賦

林石厓

《臺灣新報》「詞華」一九四五年十月二十一日

愈獨離騷愈心憂、忽逢天日照瀛洲、
政刑賦役都違漢、土地人民本屬周、
兄弟歸宗無爾我、英豪破敵有勳猷、
邦家建設倍思奮、秩序遵循永自由、
睡獅夢醒即時翻、廣慰民魂又國魂、
撥亂久經聯小大、摧強重覩靖乾坤、
嚴霜歷盡霑甘露、密網開來罷暗彈、
驚鳥而今成喜鵲、天空飛去漫鳴冤、
上將旌旗指七鯤、威儀真見凱旋軍、
越閩自昔親桑梓、賓從于今道武文、
賽會北瀛曾作客、督師中士每超群、
重來開府綏胞與、治穎當年比寇君。

臺灣新政府成立恭賦

林菊塘

《臺灣新報》「詞華」一九四五年十月二十一日

世界平和立、
邦交回復傳、
光輝新建設、
壯麗舊山川、
劫過紅羊泰、
旗飜白日姸、
戰雲欣一掃、
磐石固孤懸。

八月十五日

少奇

《臺灣新報》（詞華）一九四五年十月二十二日

忍辱包羞五十年、
今朝光復轉淒然、
千軍解甲悲刀折、
萬眾開頤慶瓦全、
合浦還珠新氣象、
同床異夢舊因緣、
莫言積怨終須報、
餘地留人與改悛。

臺灣光復喜賦

劉　永　清

《臺灣新報》「詞華」
一九四五年十月二十三日

屈守樊籠五十秋、
一朝展翼任遨遊、
恩沾雨露同銘感、
望切雲霓待接收、
未喪斯文欣可繼、
殘餘經史好重修、
青天白日家家祝、
光復聲喧震五州。

賦呈林獻堂先生

鹿港　施　江　西

《臺灣新報》「詞華」
一九四五年十月二十四日

識荊猶憶廿年前、
秋水□□思渺綿、
栗里逍遙追靖節、
孤山嘯傲擬逋仙、
蒼生久切雲霓望、
舊雨欣陪翰墨緣、
大地既無風鶴警、
豈容高臥隱林泉。

喜賦和陳君□都瑤韻

鹿港　施江西

《臺灣新報》「詞華」一九四五年十月二十四日

王師誓死障狂瀾、
跋扈侏儒既敗殘、
遺老寧無羞北面、
丁男幸免戴南冠、
版圖全復金湯固、
樽酒聊同骨肉歡、
長使斯民當衽席、
芻蕘宜采好披肝。

喜賦恭祝陳行政長官蒞任

南都　陳逢源

《臺灣新生報》一九四五年十月二十五日

戰捷回頭問刼灰、臺疆氣象一新來。
明燈光似懸空月、爆竹聲如動地雷。
春色已盈雙十節、詩家誰賦八叉才。
轟轟殉國諸英烈、先向靈前奠酒杯。

其二

我民奴化豈能忘、盼望旌旗意更長。
華表鶴歸知故主、珠崖天轉作南疆。
一心慶祝歌同唱，萬歲歡呼老亦狂。
啓戟陳公初蒞日、黨軍赫赫自堂皇。

其三

哀詔飛來感不勝，降書早已署金陵。
光華復旦疑如夢，國運初興信有徵。
吾輩自知分黑白，諸公應喜重權能。
中山中正真英偉，貫徹三民作準繩。

臺灣光復

孔乙已

《前鋒》光復紀念號
一九四五年十月二十五日

蓬萊寶島　賊據多年、
民生困極　復見青天、
如今光復　玉露均霑、
山川煥色　草木增妍、
三民善政　無私無偏、
光華若日　照澈群邊。

和林茂生先生原韻

臺南 洪子衡

《民報》一九四五年十月二十五日

一詔飛傳戰局收、河山還我大神州、
休將萬世誇天演、定有群雄割地謀、
抵抗強權剛八載、宣揚正義目千秋、
當茲重建臺灣日、海國安濤約鷺鷗。

喜賦

白日青天裡、歡迎祖國來、
中原王氣盛、絕島版圖開、
盡洗遺民淚、全收失地回、
艱難五十載、歷歷總堪哀。

其二

落拓天涯客、欣歸復祖宗、
江山新氣象、文物舊時風、
人在青天下、旗揚白日中、
從茲民主貴、萬國共尊崇。

光復

張溫流

《民報》一九四五年十月二十五日

光復光復、驅爾異族、
還我河山、民氣振作、
光復光復、如霖來沐、
垂死蒼生、有衣有粥、
光復光復、有書可讀、
言論自由、不作奴僕、
光復光復、中華民族、
主義三民、四海同福。

八月十五日以後

林耕南（林茂生）

《前鋒》光復紀念號一九四五年十月二十五日

一聲和議黯雲收
萬里河山返帝州
也識天驕誇善戰
那知麟鳳有良籌
痛心漢土三千日
孤憤楚囚五十秋
從此南冠欣脱卻
殘年儘可付閒鷗。

光復感賦

楊雲鵬

《民報》一九四五年十月二十七日

青天白日旌旗動、萬里河山瑞氣回。
最是鄰家嬌少女、國歌學唱叩扉來。
黑雲初散雨初收、桎梏生涯秋復秋。
六百萬民齊雀躍、江山無恙水西流。
曉起窯前喜鵲呼、漢家祥氣滿雲衢。
世間何物稱英傑、憑机繙書檢霸圖。
五十年間悵別群、自慚無力建功勳。
為酬祖國心情切、兒女慇懃念漢文。
渺渺沙場白骨頭、為誅狼暴作犧牲。
八年抗戰揚眉日、吾輩如何答弟兄。
回首滄桑業半存、萬民飲淚苦難言。
烽煙幸息黃灰禍、家祭安忘奠一樽。

臺灣光復喜賦

魏 清德

《臺灣新生報》

一九四五年十月二十七日

昔我垂髫時、蓬萊失左股、今秋□髮皤、
臺澎歸故主、分明五十年、
歷歷事親覩、蠢彼復兵流、安想強莫□、
封豕日磨牙，薦食無定所、
惟我大中華、廣眾疇能伍、亨遜雖有時、
仁義天所佑、桓桓 蔣元帥、
允文兼允武、艱難八載間、四億同心齊、
遂收抗戰功、光復舊疆土、
父老喜光復、感激銘肺腑、士女喜光復、
迎門相笑語、童穉喜光復、
歡呼齊踏舞、更聞疎散者、狂喜謀歸聚、
處處煙神明、家家告□祖、
即看庭前花、佛桑紅若炬、回首光復前、
獨行傷踽踽、居廬毀室遭、
移困疫癘苦、往往杯弓嫌、株連斃囹圄、
政煩夫役煩、一物官盡取、
市半罄瓶罍、野多衣襤褸、到今兄弟來、
恩愛定余撫、毒除甚乎蛇、
苛去猛於虎、竊寐免驚惶、雞犬獲安堵、
賤子坐濡毫、作頌慚椎魯、
從茲見天日、不復悲禾黍、前車鑑無忘、
遠猶待辰告、夙夜能匪懈、
永遠消外侮、國是弘三民、榮光照寰宇。

破碎河山獲再完、臺澎士女盡顏歡、

敢忘家祭焚香告、無復民勞失所嘆、
苛酷早□秦法令、威儀重見漢衣冠、
最憐雙袖龍鍾淚、痛定追思濕不乾。

光復喜賦

——謹和耕南先生瑤韻《民報》

丁瑞乾

一九四五年十一月十二日

干戈拋卻戰雲收、
重見□光遍九州、
半世楚囚多傀儡、
十年聖戰感鴻猷、
王師迎接靖臺日、
百姓謳歌鼓腹秋、
從此黎民登衽席，
何妨月下趁閒鷗。

三民吟會小集　蔡天放等人

《民報》一九四五年十一月十三日

◎民權

三民主義倡孫文、參政何曾貴賤分、
合遡盧梭民約論、明知造福在人群。

蔡天放

既將官庶□無分、國議原知付眾群、
畢竟匹夫還有責、應□活術立功勳。

張眞修

何紹傳

不將階級別人群、農士工商豈□分、
莫閒匹夫今有責、國家興盛感斯文。

陳牧村

無分貴賤與釵裙、參政公門呈瑞氣、
不讓有司專擅弊、國家興廢在吾群。

◎建設新臺灣

還我河山舊樂園、三民政下話溫存、
祇應促進新生活、膜拜崇高國父魂。

蔡天放

霜雪銷殘草木繁、風光猶任武陵源、
三民主義謳歌日、憬憶當年國父恩。

張眞修

何紹傳

聯盟決議布宣言、驅逐倭奴出外垣、
收拾山河歸祖國、三民治下訴秦冤。

陳木川

重新建設舊桃源、浩浩仁風草牧蕃、
高倡三民除桎梏、青天白日旆翩翻。

昌起詞壇千軍《新風》
羅筆陣

《新風》創刊號
一九四五年十一月十五日

一陽來復　萬象新妍　高颺麗幟　白日青天
蓬萊我島　脫離羈纏　黔首歡呼　聲震坤乾
抗戰雖了　建設未然　更須奮起　邁進向前
路遙又險　心志益堅　耽耽虎視　還繞四邊
亞洲斯土　莫喪主權　汝我自警　保國綿延

臺灣光復喜賦

陳覺齋

《民報》一九四五年十一月十五日

疾首五十年、冑聖戰彌枝、苛炸收何日、
思痛猶夢寐、天定□橫除、降書霸圖棄、
族同隱閔深、還親祖國懿、家祭告先嚴、
解役歸兒遲、經旬疑懼釋、風高民主遂、
歡呼直□機、衣冠齊拭眥、爆竹驅氛穢、
盡回生意地、瘡痍知所復、薪膽寧忘備。

臺灣光復喜賦

李慶賢

《新風》創刊號 一九四五年十一月十五號

八載紛爭勝一時、
霸圖野望失東夷、
回收澎海臺山地、
遍插青天白日旗、
華鶴放歸仙子嶺、
古梅仍發鄭王祠、
即今吳省推模範、
工作須勞固國基。

慶祝臺灣光復賦

林述三

《新風》創刊號
一九四五年十一月十五日

神州自古稱華夏、代天宣化生聖人、
蓬島徒前號仙界、別地風光得長春、
乃有元清歷混、荷日據津、
攘善美之金粟、挾富裕之精珍、
變桑田為滄海、絕梯航與蹄輪、
劫有年數、昏無歲辰、惟朱明遺其裔、
略建逐以孤臣、豈若青天白日揚我旗、
膺景命而俱新、笑彼群醜其慴伏、
羨我一掃其無塵、蔣公運經綸于睿思、
陳長擔佐佑于親仁、旋甦疾困之皐蘇、
草無憂而名藥譽、大定橫縱之方策、
材有用而器機因、和光五族、
義奉三民、國中金甌固、島上玉燭勻、
振三臺之庶士、合共嵩呼萬歲、
聯四海之友邦、祝同極立鴻鈞、
無疆之庥、水安幬載、有福之祚、
全賴陶甄、乃作歌曰、嘉樂君子、
令德憲憲、人民咸宜、接收盛典、
空前絕後、無此奇勳、受祿于天、
克念聖軍、在玆美政、保黎如赤、
惟其道德、黽勉同心、

歡迎國軍

陳薰村

《新風》創刊號

一九四五年十一月十五日

欣欣孤島戰雲開、
百戰貔貅濟海來、
重覩漢旌人盡慶、
嵩呼萬歲撼三臺、
壺漿簞食迓干城、
父老謳吟唱太平、
倭寇望風齊慴伏、
旌旗終古鎮蓬瀛。

祝臺灣光復

陳若時

《臺灣新生報》

一九四五年十一月二十五日

割地求和權相手、笑問痛同割股否？
割股精忠足千秋、割地遺臭垂不朽、
傷心異類共晨昏、孤島同胞淚暗吞、
凌辱萬端何處訴、無限含冤況覆盆。
維嶽降生孫國父、蓋世奇才兼文武、
青天白日揚光華、專制推翻倡民主、
大志未伸先歸天、悽愴如喪考妣然、
干戈擾攘成胡越、繼起全虧中正賢、
恩威並濟統貔貅、救國雄心堅鐵石、
功成汗馬天下平、拯民水火登衽席、

猖狂倭寇敢生心、烏合思將大陸侵、
鏖戰九年終棄甲、降旗高掛悲不任、
同文同種移相親、殘酷不仁超桀紂、
慘淡經營五十秋、錦銹江山歸烏有！
回顧前塵應噬臍、佛家因果非無稽、
請看者番雙十節、隨人拜賀首常低、
治閩衙署陳青天、儒將推恩民安飽、
鴻駕蒞臺雖初飛、雪泥重印當年爪、
胸中善□從頭施、倒懸先解次瘡痍、
而今果慰雲霓望、佳苗將稿雨來時！

||..........................||

貪圖霸業苦蒼生、一木思將大廈擎、
猛將無謀空自負、文臣妙策總難行。
民權尊重真多幸、軍國推翻見太平、
不是同胞齊奮鬥、安能光復到東瀛！

獄中吟
—呈林茂生先生

歐清石

《政經報》一卷四期
一九四五年十二月十日

（一）

賊子心虛打倒槌、藉端肆虐逞狂威、
秦庭指鹿硬為馬、白地無雲空起雷、
有口難容分曲直、捨身何復計安危、
昭昭天理循環到、吾亦借題大發揮、

（二）

昔聞坐井只觀天、今我幽囚境亦然、
淚到灰火同蠟灼、痛多噤口若寒蟬、

時窮方見堅冰節、歲晚僅餘出水蓮、
臘盡春回花又發、不堪悲憤是新年、

(三)

無端白日見蜃樓、禍起蕭牆竟作囚、
云我嘯凶懷越軌、笑他吠影喘臭牛、
居當本是鯁顱骨、臨變何曾屈膝頭、
生死只憑天賦命、息妄隨處是忘憂、

(四)

獄舍風酸打抖顫、側身蜷臥不成眠、
青鴛冷徹深更夢、夜鶴哀啼微曙天、
想入非非思解脱、悲增惻惻恨纏綿、
晨光未見霜加烈、忍苦耐寒似柏堅、

(五)

是緇是素不分明、一味糊塗逞毒刑、
悍吏狠心兼狗肺、惡魔冷血本無情、
雕雞灌水龍蝦綑、挾指飛機豹虎行、
十八機械均受遍、嗚呼我幾喪殘生、

故律師歐君清石之獄生，一時驚魂駭魄，聳動全島，眾所皆知。歐君於民國三十一年九月念三日與吳君海山等同坐鳳山東港案，被拘入高雄警獄，其間以莫須有三字酷受拷問，慘難言狀，終以謀逆罪，在高雄法院第一審判決死刑。後再上告于臺北高等法院，民國三十三年十一月十五日罪定爲無期徒，與其他同坐者入臺北刑務所。不幸于本年五月三十一日被炸身亡，此光復七十五日前之事也。君在高雄獄中得詩十五首，皆七律，其先十首寄在令夫人處，託示于余，爾時風聲鶴淚，留之恐生後患，令夫人與余毀棄其稿，後五首即此詩也。讀之一字一血，令人切齒痛恨日吏之慘酷無道，余與君平生道義相求，誦君之詩蓋惜君之死，而不忍君之泯滅，因揭之以傳于世。

耕南 林茂生 跋

（編註：本首詩也曾經刊載於一九四五年十一月十八日的《民報》）

喜賦恭祝陳行政長官閣下蒞任

郭茂松

《新風》第二期
一九四五年十二月十五日

到處謳歌起　歡聲撼七洋
人情憐召樹　官政震閩方
故國文章重　新民道義揚
奉迎諸父老　載道挈壺漿

祝臺灣光復

謝尊五

《新風》第二期

一九四五年十二月十五日

還我山河舊、
三民進大同、
青天消甲冑、
白日化兵戎、
蒼赤沾仁露、
昇平泯瘴風、
精神輸祖國、
奮勇貫初終。

喜臺灣重歸祖國
賦贈旅滬諸君子

張篁川

《臺灣月刊》一卷一期

一九四六年一月

版圖重復見臺灣、喜訊初聞淚欲潸、
劫後共迎新歲月、海中遙念舊河山、
戴盆不盡遺民痛、拓土寧忘志士艱、
五十一年爭鬥史、啼痕血跡認斑斑、

……

合浦珠還不用疑、義師一舉逐東夷、
却看鹿耳鯤身地、揭遍青天白日旗、
三島君臣方屈膝、九原顏鄭儻開眉、
軒轅神裔欣重聚、圖報涓埃趁此時、

次篁川詞兄原韻

姚柏如

不堪痛史寫臺灣、五十年間血淚潸、
政出文盲民切齒、兇行法外恨如山、
開羅三巨宣光復、原子一彈竟克艱、
劫後共期新建設、版圖洗盡歸痕斑、

……

善用奇兵勝莫疑、八年抗戰險如夷、
收回寸剪牛皮地、掩盡三山旭日旗、
哀甲尚愁重出血、戢戈且漫笑揚眉、
臺胞未得明文認、接受民心待幾時、

（**編註**：「臺胞未得明文認」之意是「據某機關公文謂我臺胞未得明文承認以前暫以敵僞待遇」）

光復喜作

姚柏如

《臺灣月刊》一卷一期
一九四六年一月

自從割據臺疆後、蠶食神州慘不春、
盡喜河山還本色、何愁國土帶胡塵、
強鄰似虎誰容在、夷狄如狼孰可親、
五十一年期此日、實行主義重三民、
身等勞薪競轉中、南轅北轍日塵紅、
世難容我雙肩歇、棋已輸人一著雄、
未必文章徒覆瓿、可無胸臆吐長虹、
祇今歐亞烽煙息、好救民痍倡大同、

次柏如詞兄光復喜作原韻

張篁川

眼底江山別樣新、南連瀛嶠北長春、
受降已見摧胡虜、奏凱真堪醉麴塵、
化外恩威期並濟、劫餘文字好重親、
天河洗甲烽煙靖、共作昇平治世民

收拾殘棋一著中、降旛搖曳日章紅、
却憐三島牽羊日、又演中原逐鹿雄、
聚鐵莫教成大錯、論時聊復吐長虹、
雲霓應慰蒼生望、劫火餘生處處同、

次柏如詞兄光復喜作原韻

陳昌言

半世鬥爭水火中、無邊盟友血腥紅、
喜銷嶂雨巒煙劫、空逞鯨吞虎視雄、
焦土何人憐倭寇、摩天有劍嘯長虹、
應知孤島遺臣淚、化作日霖洒大同、

還我河山萬象新、古樹池畔喜逢春、
由來禮義衣冠地、不著腥羶胡虜塵、
羅網禁開湖海闊、損篪品奏弟兄親、
牛皮蝕盡旭光冷、家祭紛紛告島民、

獄中別同志

王溪森

《政經報》二卷三號
一九四六年二月十日

八載同辛酸　君留我獨去
徘徊思不忍　仰視浮雲馳
鳥飛草木青　萋萋滿別意
憶昔河梁別　悠悠若相似
縲絏迫偷生　歸家少歡趣
硝煙天地黑　欲去上躊躕
握手一為別　去去從此辭
努力崇明德　後會應有期

（**編註**：這首詩曾經以〈獄中別蕭來福同志〉之題，用「嘯天」的筆名，刊載於一九四五年十二月十三日的《民報》。）

出獄有感

吳鵬摶

《政經報》二卷三號
一九四六年二月十日

別也憂兮歸也憂　人生悲苦莫如囚、
當年事業成灰燼　此日雄心付水流、
有志替民謀福利　無顏故里話良儔、
幾時重到中華地　了卻今朝滿面羞。

光復喜賦

陳虛谷

《陳虛谷作品集》（陳逸雄編　彰化文化中心印行）

一

投降勸告竟成真　草木雖秋亦似春
不信倭奴猶倔強　那堪吾族久沉淪
也知好戰非天意　早識爭雄讓美人
還我本來真面目　轟轟烈烈漢精神

二

恃強妄自動干戈　霸業推翻一剎那
猶擁精兵數百萬　不能一戰定山河

光復喜賦

詹作舟

半世沉淪感再生，能禁大眾不歡聲。
家祭敢忘虔告慰，民權儘可享同榮。
卻憐海外猶征役，尚隔雲山萬里情。

（**編註**：本文引用自二〇〇三年十一月二十九、三十日東海大學中文系主辦的「戰後初期臺灣文學與思潮」研討會上，薛順雄教授發表的〈論詹作舟醫師漢語舊詩的時代縮影〉一文，併止致謝。）

三、光復歌謠

臺灣光復歌

——擬民間歌調——

五十年臺灣
六百萬同胞
現在復歸咱祖國！

這可比
撥開雲霧
解消風雨
霎時重見天日！
可恭喜
出頭天

介舟（郭秋生）
《前鋒》光復紀念號
一九四五年十月二十五日

莫非是天有理
也是祖國大犧牲所致。

著認真
著知己
守禮節
知廉恥
再建設新臺灣
莫損青天白日旗！

臺灣光復曲

蔡培火

《臺灣月刊》一卷一期
一九四六年一月

中華民國南海中　九霄雲上浮玉峰　豐質美景臺灣島
漢族血汗始開創　唉呀　長春華疆　無量寶庫
我曹家鄉　遺恨五十年前事　滿清失政　國運窮
甲午敗戰　割地求和　日人據臺　擅威風　歎吾族
呻吟鐵蹄下　備嘗奴味心身痛　今也日人無厭侵祖國
假仁義　謀吞併　窺王泰東　奈何天意不伊容　舉國響應共抵抗
民主盟邦誓協同　八年血戰　終獲勝利　還我河山見天空
弟兄骨肉重相逢　欣揭國旗高飄揚　青天白日滿地紅
努力建設　永祝興隆　協和萬邦　肇策大同

臺灣光復詞

廖文奎

《臺灣月刊》創刊號

一九四五年十一月　上海

忠勇鄭士　三世奉明　全功未竟　淪亡滿清

可痛孤島　人傑地靈　韃靼蹂躪　倭寇橫行

衣禁長袍　食禁米精　大哉祖國　光復完成

以使國族　統一復興　同胞重聚　共享太平

臺灣光復紀念歌

陳　波

《消失的臺灣醫界良心》藍博洲著作
印刻出版

張燈結彩喜洋洋，勝利歌兒大家唱；唱遍城市和村莊，臺灣光復不能忘；不能忘，常思量，國家恩惠，情分深長。

有錢難買眞情意，有錢難買親爹娘，今朝重見天和地，八年血戰不能忘；不能忘，常思量，加緊建設，爲國爭光。……

慶雲歌

（原臺南師範學校漢文教師，後擔任省立宜蘭中學校長）陳保宗

《朱昭陽回憶錄》

一九九四年，前衛出版社

臺灣今日慶昇平，
仰首青天白日青，
六百萬民同快樂，
壺漿簞食表歡迎，
哈哈！到處歡聲，
哈哈！到處歡聲，
六百萬民同快樂，
壺漿簞食表歡迎。

歡迎我軍歌

我軍信從三民主義，臥薪嘗膽奮鬥，
八年英勇的抗戰，烈士的犧牲，
使得抗戰成功了，大家自由了。
四萬萬人齊感激！四萬萬人齊歡迎！

帝國主義支配下，五十年的桎梏，
我軍將士和烈士把它衝破了。
呀！祖國愛臺胞，臺胞愛祖國，
我們在祖國懷裡了！中華民國萬萬歲！

強權敵不過公理，我軍勝利了。
橫暴勝不得正義，河川還我了。
青天白日高高照，和平實現了。
我軍將士萬萬歲！中華民國萬萬歲！

王溪森
《政經報》一卷三期
一九四五年十一月二十五日

三民主義青年團宣傳標語

《臺灣新報》一九四五年十月二日

壹、民族問題：

一、回顧五十年來之一切苦楚。
二、警告御用士紳退場反省。
三、慶祝光復，勿負光復之大義。
四、勿忘祖國抗戰陣亡幾千萬英勇戰士。
五、追念革命先烈致敬民族解放之犧牲者。
六、發揚民族文化、貢獻國家、實現世界大同。
七、以國家民族爲先，以家庭個人爲後。
八、普及國語、推行識字運動。
九、完成國民革命、復興中華民族。
十、遵奉總理遺教，實行三民主義。

十一、力行蔣委員長主張、建設三民主義新臺灣。

貳、民權問題：

一、大家起來協力治安維持秩序
二、同胞對政治要關心、奮鬥以促進憲政早日實現
三、擁護我們的國民政府
四、軍政、訓政、憲政是實行民權主義之三步驟
五、選舉權、複決權、創制權、罷免權爲民權主義之保障
六、立法、行政、司法、監察、考試五權分立爲治權運用之理想
七、完成地方自治實施憲政

叁、民生問題

一、振興產業、節制資本、平均地權以安定民生
二、民生主義是以充實衣、食、住、行爲目的

肆、社會問題

一、轉移社會風氣、實行新生活

二、實行新生活信條，排除醉生夢死之生活

三、禮義廉恥國之四維

四、忠孝仁愛信義和平爲中國固有道德

五、提倡科學的新生活

六、科學之興衰影響國家之興亡

伍、婦女特殊問題

一、女同胞們大家來學習國語

二、提高婦女之社會地位

三、發揚婦女之國家意識

四、完成母教以貢獻國家民族

五、三民主義－給我們婦女教育、經濟、政治地位平等

六、起來！女同胞們把三民主義建設的重任放在每一個人身上

七、國家興亡匹婦有責

八、婦女也是國家一份子，也勿忘國家賦與我們男女平等

光復標語

培養國家社會的正氣！
樹立地方自治的基礎！
肅正漢奸盜賊！
剷除貪汙豪劣！

《政經報》一卷三期
一九四五年十一月二十五日

標語與口號

慶祝籌備處通知各地

《民報》一九四五年十月二十五日

陳長官業已蒞臺，臺灣慶祝光復籌備處豫先作成標語及口號，通知各地使一般標語及口號貼於各處，其標語及口號如左：

歡迎陳長官蒞臺主政
慶祝臺灣重還祖國
建設三民主義的新臺灣
　臺灣光復要參加世界永久和平的工作
臺灣光復應毋忘革命先烈

口號

歡迎陳長官
慶祝臺灣光復
蔣主席萬歲

中國國民黨萬歲
中華民國萬歲

臺灣旅滬同鄉會成立大會場內標語錄

大明遺民復活　延平郡王未薨
拳打貪官污吏　腳踢劣紳漢奸
擁護王道仁政　打倒專制暴治
莫讓倭人踞漢土　休看胡馬渡陰山
普天同慶　舉國歡騰　河山重整　天日再覩

《臺灣月刊》一卷一期
一九四六年一月

牌門的聯對

《民報》一九四五年十月二十五日

楹聯雖小道、可是也可以表現一時的感概和牢騷、此次歡迎陳長官的絲棚中，也有許多的聯對。做的好不好、記不會批評，只試舉一二、以資談助、

孤島雲開、仰見青天白日。
舊邦福進、分來甘露惠風。
喜雖苦雨凄風境、快覩青天白日旗。

以上是省會臺北市上所見的、再錄友人習靜樓主的作如左：

風雨飄搖，試問五十年過了如何生活。
若花月雙清、且看六百萬對此依舊山河。

第二輯——光復言論

一、光復的意義

祝詞

民報社長 林茂生

《臺灣新生報》一九四五年十月二十五日

我臺光復，推倒強權，舉一切過去之僞瞞暗黑，一轉而爲眞實光明，況値陳長官蒞任伊始，百廢待興當此之時，最重要者莫如暢達民意，而欲求民意暢達，莫先于言論之自由宏通臺灣新生報卜此慶祝光復之佳辰而發其創刊號之第一聲，固面偶然余不敏敢致一辭，以表祝意。

試問我臺五十年來有言論機關否，曰有之，有言論乎，曰未之有也，非無言論也，無公正之言論也無反映民意之言論也，間或有如舊「新民報」者，毅然孤立，爲民請命，苦鬥數年，而其言論多爲政府所剝削，及至現出紙上已成去勢之文字，終至於不得自存，其餘三紙併立，若非專制政治之擴聲機，便是特權階級之護身符，何言論之可言，無怪乎民意壅塞不通，民心潛形離叛，蓋亦異民族統治所必由之徑歟。

茲者自由回復，一民族，一歷史，一中國魂，同心同德，共策治平，無乘離，無對立，民意之自由伸張言論之威力發揮，自可拭目以俟，愚謂主持言論者必須關心兩事，一則當跳入民眾之中，一則當超越民眾之上，跳入民眾之中始知民生之苦樂休戚，加以戰後荒廢，創痍滿目，使民眾之疾痛，由言論而得達于爲政，民不隨而自隨之，然亦當超越于民眾之上，試觀光復後之臺省賭錢也，獵官也，射利也，不知自由爲何物，易受外敵之教唆，此或一時之現象，然當有木鐸以規正之有儻論以領導之，始得歸常軌，而趨于正，此又非有不偏不黨不諂不媚，高邁公正之言論，不能爲力余深信臺灣新生報諸同志必不以余言爲何漢也，謹獻芻蕘，以當祝詞。

光復的意義

毅生（廖文毅）
《前鋒》光復紀念號
一九四五年十月二十五日

在這個千載難遇的本省光復的機會，發刊了「前鋒」評論的雜誌、又與大家來談論「光復」這個問題，大約大家不會感覺沒有興趣的。光復就是——光華復旦——黎明到了我們的臺灣了！。黎明的臺灣是革新的臺灣，就是新時代的臺灣、我們理想的自由的臺灣。在這個地方我想與大家來想想我們的臺灣怎樣能夠得到光復——能得到光復的過程的這個問題，然後再來想在這個臺灣光復的今天、我們所感覺著的幾個意義我們所發見著的幾個絕大的事實。

漢民經過了二百多年的黑暗時代，在三十四年前的今天、就是辛亥年的十月十日、在我們的國父孫總理領導之下光復了中原、建設了三民主義的中華民國。這個時候臺灣尚未光復、但是三十四年前的中原之光復——中華民國的建立、確是今日臺灣光復的頭段工作。我們要記得、要得著這個中原的光復、我們所崇拜的　孫總理與及其他革命的先烈是經過多少慘憺的日子、犧牲了多少愛國的志士、纔能完成了這個第一段的工作。

中原的光復的這個工作單單實現了「興漢滅滿」的理想、然則受著二百年間滿清的狼煙的中國社會、舊態嚴存，孫總理與及諸先烈所理想的自由、博愛、平等和平的國家還是查然不知在何處。所以孫總理等繼續努力，經過了第二次、第三次的革命之後，倘孤軍奮鬥於華南。到了最後總理還在教訓我們說「革命尚未成功，同志仍須努力」。果然在總理逝世之後，革命諸同志在蔣主席領導之下，經過了許多的苦戰和犧牲、纔完成了北伐，除去軍閥，改造了新的社會，建設新的國家。這樣的剛剛統一全國的時候、又遇著東北的失陷。到了這個時候、臺灣光復的時期迫近了、由東北的失陷釀成全國統一的陣線，結成抗日與收回失地的愛國心。蘆溝橋一聲爆發、變成八年有餘的全面抗戰。我們的國土被鐵蹄踏過去，我們的家鄉受著硝煙、我們的姊妹遇著槍刀——抗戰在西南、苦戰在西北、焦土在中原、瘴氣滿江南、狼爪舞華南——我們大陸同胞三千日的痛苦眞是不堪所想。西南西北的青年的熱血沸騰了！世界的公理正直了！八月十五日一聲和議，我們的楚囚五十秋完滿了！

孫總理光復了中原、蔣主席光復了我們的臺灣和東北、又取消了不平等條約。這樣的我們所愛的臺灣歸還了祖國、我們敢有別樣的願望嗎？只有感激、單有感謝——親愛的同胞們，幹快起來，準備走上歸還祖國的這條大路。抗戰已勝。功在大陸的同志、建設必成、責在臺灣的同胞！

我們在臺灣光復的這個時候、所發現著的第一個事實，就是「民族精神的振興」一個民族若是沒有一個統一的精神、這種民族雖生猶死、一個民族若無一個共同的信念、那種民族宛然如一片的散砂。我們臺灣六百萬的同胞、在這個囚禁五十年的中間，敢惱不敢言、欲展不能伸的精神。到了光復的今天、我們的精神振興了。不得不振興了！越壓的水、昇揚越高！我們的愛國心、將如怒濤一樣、狂奔直下。在大陸的同胞一定也因臺灣的光復、高興的不得了，我們的民族這樣的團結起來了。

我們所發現著的第二個事實，就是「國土重圓」。我們的國土在滿清末期四分八裂，在種種不平等條約之下，我們的國家轉落變成世界列強的「次殖民地」。經過這次淘汰的抗戰，最後的勝利，我們得到了。不平等條約取消了，失地收回了，臺灣光復了，臺灣的版圖歸還祖國，我們的國家自強，國權自主，國土重圓了。

我們所發現著的第三個事實，就是「家人再集」。我們的臺灣同胞流離祖國五十年，兄弟分散、今天重見天日，我們的領首拯救了我們出死入生，我們纔能重歸祖家、認祖掃墳。「家人再集」「一家團圓」，這可謂天倫之樂也。我們不知道怎樣慶祝、怎樣歡喜、怎麼感謝纔是呵！我們以前有家不能歸、有祖不能認。有兄不能呼，有弟不能喚，人生的苦楚有比這樣更大的麼？現在在青天白日之下、正正堂堂享我天倫之樂。我們應該頓首而拜天地，感謝我們今天所得判的幸福！

我們所發現著的第四個事實，就是「統一的國家」「統一的政府」。一個離散的國家若是沒有遇著重大的刺激、絕對沒有堅固的團結。孫總理推倒了滿清政府，建設了中華民國之後、因舊態原存、軍閥割據，其實尚完全沒有統一的國家。我們的蔣主席完成了統一的工作、但是中共政權尚獨占一方、維持他們的政權。但是經過八年有餘的焦土抗戰、在我們所崇拜的勞苦功高的　蔣委員長領導之下，失地回收了、不平等條約取消了、又最近中共的代表在渝表現了他們忠實的態度、誓約此後絕對不再惹起內亂等等、而且中央政府會發表訓政期間將告終結，將要實施憲法的政治。

由這樣種種事實觀察起來、因臺灣及其他失地的光復，我們得到「統一的國家」「統一的政府」了。但是現在，我們須絕對擁護這位功蓋環宇的我們所敬重的領首　蔣委員長，另一方面我們在本省的國民、在陳長官指導之下、要絕對服從政府的命令、自己約束自己、維持地方的治安、努力於省內各種實業的開發。不然我們怎樣對得起我們的國父、有何面子謁見　蔣委員長、有何面子拜見大陸諸先輩、有何面子返國祭祖呢？

在千載難遇的這個本省光復的機會、隨便提起這幾點來與諸位同胞討論、希望大家自省自悟，大家提攜團結，努力奮鬥，貫徹始終、爲本省的發展、爲國家的的干城、爲民族的振興、爲人類的幸福——除此之外、人生還有比這些更有意義的事情麼？

思想光復論

廖文奎

《臺灣月刊》第一卷第一期
一九四六年一月

治國莫若治人，治人莫若治心。光復領土，必須光復人民，光復人民在乎光復心理。孟子曰：「桀紂之失天下者，失其民也。失其民者，失其心也。得天下有道，得其民，斯得天下矣。得其民有道，得其心，斯得民矣。」堯舜得天下之道，在得其民；得其民之道，在得其心。故詩云：「普天之下，莫非王土，率土之濱，莫非王臣。」秦嬴未得人心，故不得人民；未得人民，故終失天下。近者，德人佔法國而未得其民，暴日虜韓民而未得其心，卒至顚覆至不可收拾者，良有以也。

當八月十五日日皇廣播乞降於世之時，凡吾臺胞積受倭寇蹂躪而呻吟桎梏之中者，無不歡欣鼓舞，一吐五十年來憤懣之氣，蓋其中心思想尚懷祖國，根本心理未嘗或渝。反之，中小學童，耳聞日皇乞降之聲，目覩日籍同學飲泣之狀，亦有流淚同哀者，此由於敵人之誤導，經年累月，不知不覺之間，印象已深入矣。暴日統治下之臺胞若是，亡清治下之漢族亦然。既而奸僞無恥之流，不顧亡國遺恨，而勤王保皇，甚至謳歌頌德；先知先覺之士，乃崛起隴畝，高倡思想光復，力行政治革命，或與陳腐勢力奮鬥，或挽回民族精神於正道，百折不撓，遂得推翻滿清專制於前，撲滅反動機構於後，迨至今日，無復崇帝政奉專制者，實爲思想改造成功之一明證也。

若夫甘心附敵利己害人之輩，一聞日皇乞降播音，猶聽青天霹靂，憂懼交加，手足無措，蓋皮之不存，毛將焉附？故僞中央立改爲維持會，新貴暴富，自首就逮者有之，上書悔過者有之，亦或掩旗息鼓，亦或隱形匿跡。惟其中，朝既事秦，暮欲事楚者，猶不乏人。若輩搖身一變，躍躍欲試，名則顧全大局，實則喪盡廉恥，更有朝倡皇民運動，媚敵欺民，夕竟恭讀　總理遺囑，藉圖掩飾劣跡，甚至揑造地下工作歷史，意欲冒領無勞之功，其心理之陋劣，思想之乖異，五代宰相馮道，亦不過焉。

總理建國方略，首舉心理建設。苟亡國心理不克改成強國心理，則民族主義無可實現，欲圖存救亡，必徒勞無功。故吾臺之重建，當自心理改造始。夫國以民爲本。民殷，國富；民壯，國強。然民氣之抑揚惟心理之優劣是賴，而心理之優劣在乎思想之正誤。蓋思想乃心理作用之理智中樞，一切行爲據以爲準繩者。思想純正，則行爲清白；思想錯亂，則舉止乖張。思想一貫，則氣節卓絕；否則朝秦暮楚，自相矛盾。是以思想一貫氣節卓絕者，其爲人必正直；行爲自相矛盾者，其爲人必卑鄙。至一國之民，善人多者興；惡人多者廢。　總理有鑑乎此，每誨國人以「人生以服務不以奪取爲目的。」朝鮮帝國以爲政者爭權奪利而亡，中華民國以革命先烈能殺身成仁而興。往昔元人誤信喇嘛教而衰，今則日人妄從軍國主義而敗。俗謂，「江山易改，品性難移」，然而思想也者，既可移品性，更可改江山，其性能功用，源遠流長。故曰，臺灣復興應以思想光復爲本，務使健全純正之中國思想，灌輸於臺胞之腦際，庶乎事半而功倍，復興其有望矣。

(卅四，十一，一)

臺灣光復同志會宣言

廖文奎

《臺灣月刊》創刊號
一九四五年十一月上海

溯自明祚傾覆，崇禎殉國，於茲三百有一年矣。當滿清僭位，宗室遺老，莫不前仆後繼，抵禦外侮，尤以閩南鄭氏，勤王三世，奉正朔，涉重洋，墾荒島，聚散民，立宗社，發揮軒轅苗裔之民族精神，誓死光復，歷四十年，未嘗或輟，其忠貞壯烈之可歌可泣，誠吾中華民族史上最光榮之一頁也。惜手鄭氏中道受挫，未竟全功，殊爲遺憾！而吾大明遺民，既受韃靼之蹂躪，復遭倭寇之宰割，國亡家破，艱苦備嘗。今者祖國革命完成於前，抗戰勝利於後，拯吾臺民於水深火熱之中，鼓舞歡騰，無逾此日，而吾臺民尤當黽勉戮力，追隨先烈，從事復興，以盡天職，以報祖國，其責任蓋亦艱且巨矣。

臺灣島嶼，孤懸東南，形似鯉魚，高山峻嶺，連綿南北清河獨流，蜿蜒東西，峰巒屏立，沃野千里。故葡人航海東亞，初覩其地，不覺呼之曰「福爾摩沙」，蓋讚其河山之壯麗也。當鄭氏以前，遍地荊棘，到處生蕃，荷人曾築城卜居，而未植文明之基。迨□延平郡王率軍民渡臺，屢招漳泉汕潮移民，興學校，置郡縣，開疆闢土，導水灌地，而後文野始分，規模具備。爾後遺裔繁衍，移民來歸，千辛萬苦，孜孜拓殖，迄今人口已逾六百萬眾，益以丘陵多出茶杉樟檜，平原廣產五穀水菓甘蔗，稻田一歲三熟，海濱魚鹽無限，生產三倍於消費，民風勤勉純樸，物資優良豐富，名爲美島，實乃寶庫，將來有助於祖國之建設與復興，殆無疑義。

從此臺灣歸還祖國，河山復整，天日重明，光復宿願，於焉獲償。竊念吾臺承滿清二百年愚民政策，積弊甚深，加以暴日五十年之奴化統治，其流毒足使父母□心，兄弟鬩牆。其在島內，陽倡一視同仁，陰行挑撥分□復□祖國沿海市鎮，暗流囚徒，擾亂治安，明置領事，包庇隱護，是以無賴奸商，平日則惟利是圖，有事則領館是匿，狐假虎威，多行不義，仍復高呼「臺灣」為其生地，遂使祖國同胞一聞「臺灣」，輒遠走趨避，興言及此，實堪痛心。而安分守己不忘祖國者，乃不得不聲明閩粵祖籍，以免同流合污，回憶甲午戰敗於敵者滿清，乙未割讓於敵者臺灣，邇來敗類每呼臺灣，而良民則認祖籍。曠觀中外古今，種族之含冤受屈，飲恨吞聲，其有過於臺民者乎？

吾臺光復同志，自今當引臺籍為榮幸，已往隱形匿籍者，當表白其生地，而為鄉土爭光，始不愧為忠良之裔，庶幾忠肝義膽，可照汗青。若夫甘心附逆，倚勢凌人，趁火打劫之輩，為新貴成暴富者，國有常經，難逃法網。其認賊作父，背祖忘宗，改名換姓之徒，為利慾薰心，為虛榮所籠罩者，必為禮教所不容，綱常所屏斥，奚待論焉？此外吾臺灣同胞，有語文不諳，思想錯誤者，亦不勝其數。故臺灣之重建，須以文化教育為基本：矯正思想，推行國語，灌輸知識，闡揚文教，實為當務之急。本會同志，素受祖國文化之薰陶，其應矢勤矢慎，服務鄉土以分國憂，此正其秋也。

夫滿清治臺，恩威俱無，為官一世，富可三代，故臺民三載一小叛，五年一大亂。迨至日人統治，威嚴過酷，刻薄寡恩，尤以抗戰軍興以還為甚。凡臺人之宗廟神主，被毀殆盡，代以神社及天照大神。喜事不准演京戲，喪事不許哭出聲。衣禁旗袍，食禁白米。市井私語者，立被監視；聚談祖國者，輒被毆打。蓋欲亡吾宗而滅吾族也。臺灣本一歲三熟，乃臺人三餐不得一飽。煙酒林礦樟腦，俱屬日政府專營，而各地批發，又專歸日商，且橫征暴歛，無孔不入。例如豬群須編成戶口，其產生，買賣，死亡，均須立即呈報納稅。母豬須納利得稅，雄豬須付營業稅，賣豬肉須納所得稅，買豬肉須納消費稅，而每人每月配給豬肉不及二兩。若其所謂「寄附」，無非苛索；所謂「志願」，則大都被迫。商君「弱民」之道，此其類歟？夫秦法苛刻而楚漢興師；隋煬橫征而唐高舉義。而高祖入關，僅約法三章；太宗登位，立施恩佈德。鑑古察今，則重建臺灣之道，惟有簡法制，省稅役，行仁政，導民心，而使臺民終能自治鄉土，效忠祖國。此則本會同人所馨香禱祝者也。

吾臺民所受暴日奴化統治，累年積月，書不勝盡，自今而後，舉凡思想語言文字習俗制度，均須有劃一之調整。切望祖國有識之士，不遺在遠，惠然涉海，教導吾民，糾正心理，以期我輩得以追隨祖國先進之士，竭力復興，實深企禱。本會同志，多年推行光復運動，埋名實幹，以至今日，茲特公開成立組織，更名爲「臺灣革新協會」，以民眾之立場，在政府領導之下，努力國族之復興，從事鄉土之建設，務使數百萬臺民成祖國之好公民，爲祖國之生力軍，庶乎無負祖國光復吾臺之旨意。祖國人士，倘能不吝指教，時惠周行，曷勝欣幸？

（三十四、八、廿五、廖文奎）

不負了祖國的臺灣

林履信

《臺灣月刊》一卷一期
一九四六年一月

臺灣，可說是漢民族血汗所灌溉起來的海島；臺灣的歷史，可說是一部民族革命史，也可說是中國革命史的一部份。過去幾世紀間，爲了開墾荒島，我先民相率浮海，篳路襤褸，前仆後繼，費盡心血，經營其地。其耐苦勤勞的性格，和進取鬥爭的精神，實值得吾人深深的感佩；尤其是，明末爲了國故，繼以滿清壓迫，因而遯跡避居臺灣的志士義民，其愛國的氣節，和反抗的精神，爲萬世不可磨滅，至今猶遺留在臺灣民族的血液中。因爲有了這些內在的種種要因，加以外在的——數百年來，先是和番族鬥爭，繼而和日人反抗等等磨練，所以臺灣民族，遂養成了一種忍苦耐勞的性格，同時勇於反抗，且具有強烈的愛國精神。

臺灣自清康熙二十二年（一六八三），收入滿清的版圖以後，至光緒二十一年一八九五止，計二百十二年間，前後發生了抗清民族運動，大小不止數十次；就中以朱一貴與林爽文兩次革命，稱爲最重大。及甲午割臺以後，日人統治的半世紀間，臺灣民族的抗日運動——或演化爲表面鬥爭，或潛行爲地下工作，可說無時不有，片刻不停；祇觀一八九五年至一九一九年，即日本佔領臺灣的前期的二十五年間，在臺灣已發生了十四次的流血革命。自一九二〇年以後，除武力抗爭時見發生外，臺灣民族的反抗運動，更見全面化，遍及全臺：如文化協會之運動，農民組合之鬥爭，臺灣議會之請願，民眾黨之組織，工友聯盟之強化，自治聯盟之提倡，乃至漢文本位的臺灣新民報和各種雜誌之發行，灌輸中國古代文化之如水社夏季大學之開辦等等，凡這一類，均爲有組織化的現代化的抗爭，可視爲由武力抗戰轉入非武力抗爭的民族運動——其範圍，更見全面化；其性質，更見深刻化。

這樣，在強權壓力下的臺灣民族，爲了民族的生存，爲了民族的解放，對於統治者的日本，或陰或陽，無不反抗到底；其民族意氣的明盛，實堪嘉許。惟臺灣民族不□□□□，一部份熱血之士，爲效忠祖國和解放臺灣，且潛回祖國，參加革命運動，或建設工作，進而投身於抗日戰線的，亦大有其人。但是這班志士，大半都認閩粵祖籍，所以祖國人士，鮮有知者。

臺灣民族本爲大漢民族的海外的一支勁軍，素具有「人不犯我我不犯人」的大國民的風度；但是爲了保持民族的氣節，對前來侵犯的外敵，則無一不加以排擊，以盡堅守疆土之責。過去半世紀間的事實，固可以證明而有餘；茲且進而觀乎更早的史案，以證明此說之不謬。第十七世紀初葉，荷蘭人來侵犯時，臺灣民族，前仆後繼，與之抗戰，終以荷人恃其鎗礮之利，與築城之固，一時爲之所屈服；迨鄭成功率艦進駐臺灣，於是，臺灣居民，響應起義，雖荷人下令捕治，亦皆爲不服，群起排擊，遂將荷人逐出了國境。先是，西班牙人，亦嘗派艦前來侵攻，均爲臺灣居民所擊退。自入了清朝版圖以後，道光年間，英艦亦曾數次前來窺覬，都受當地的官兵及鄉勇所擊，計不成而退。再如光緒年間，法艦進擾時，臺灣巡撫劉銘傳乞援清廷，竟無以應；於是臺灣民眾，祇得運用自己的力量，協助守軍，與之周旋，遂將之擊退，並殺其將古拔提督。

臺灣民族，對守土盡責，爲了爭取民族的光榮，拚命奮鬥的情形如是；而當時的清廷對臺灣的態度，究竟怎樣呢？同治年間，對臺灣抱有極大的野心的日本，藉著琉球船夫漂流抵臺五十四人死於生番，及日商漂流到臺地遇禍，以為理由，對清廷嚴加責問時，清廷竟以「化外之地」，無法懲治為由，答覆日本，濫自改棄主權，聽其任意採取自由行動；於是，日本遂派兵到臺灣，恣意殺戮，種種要求而退。當時番人數十社，且請求發給軍火，願與日人死鬥。所以臺灣民眾的憤激，當不知幾千萬倍了。又光緒甲午之役剛起，日本海軍，即進犯澎湖島；當清日雙方談判和議時，日本因鑑於臺灣地位的重要，抱很大的野心，亟思欲吞佔之。最令人不可解的，清廷未待日本的強硬的要求提出，即先有「棄臺」之議，竟置臺灣數百萬同胞於不顧，擬將臺灣棄之如敝屣。其時，適臺灣舉人，正因為會試留京師，聞息憤慨萬分，乃代表數百萬臺民，聯名上書朝廷，表示抗議不服；無奈清廷昏庸無能，對臺民之哀願和運命，未加以絲毫的考慮，竟壹意孤行，進行「割臺」之議。此種「棄臺」的耗息，愈加證實，傳到臺灣本島時，臺灣二百餘萬的同胞，無不惶惶，不知所措，痛哭憤慨，切齒扼腕；對清廷的無能，祖國的無情，表示著萬分的失望。迨馬關國恥條約成立，美麗的寶庫和無辜的二百餘萬的大漢民族，與數十萬無知的蕃族，果然被棄；於是，清廷乃命駐臺官兵民內渡。惟以原來具有熱血和抱有正義心的臺灣民眾，焉忍坐視亡省，把大好江山委諸異族，而束手淪為奴隸；無不髮指眥裂，為大漢民族爭人格，誓與臺灣共存亡。於是，臺灣宣告獨立，稱國號為「臺灣民主國」，選出總統，製定藍地黃虎為國旗，展開了全面的抗戰，以示抗清抗日；全島義民，雖落於懸海之苦境，猶孤軍獨力與日本抗戰，前仆後繼，支撐了數年，旋因外援無望，糧械兩虧，殉國者日見增加，遂見淪亡。由是觀之，清廷視臺灣為「化外之地」，恝然割棄，是清廷有負於臺灣；而當臺灣島民，孤軍奮鬥，獨力抗戰的期間，祖國的同胞，竟未曾加以一援手，聽其彈盡糧絕，淪陷於異族之手，是為臺灣不負了祖國的明證。

自是以後，五十一年間，數百萬的大漢民族，在日本殘酷的統治中，堅忍苦鬥，過著戰敗者的悲慘生活；其間除展開全面的抗日運動以外，在無可奈何之中，人人都努力於保存民族之自尊，和保持著祖國之文化，其懷念祖國的情緒，且有與日俱增之勢；現在且將這些事實，略爲分述一二如下：

（一）民族血統聖潔的保存

過去受外族統治的半世紀間，臺灣島民，當然受了種種的影響不少。但是島民對著民族血統的聖潔的保存，則代代相承，堅持到底。這就是講：其間絕少與日本人實行了雜婚；雖經日本同化政策下獎勵了「共婚」，但是爲了保持大漢民族的自尊，進而和日本人結婚的，可說爲數至微（據說在過去抗戰八年間，單就淪陷的上海一市，本國女性嫁與日人的，已有數百人之眾；迨收復後，市內女性變爲「吉普女郎，乃至嫁與外人的，則不知幾許）。即使有之，亦爲娶日婦爲妻；至於臺灣女性之肯嫁與日人爲婦，以遺傳後嗣的，則可說極屬稀覯。在臺灣，連一般花界的職業婦女——妓女，對了日人，也堅持只賣藝不賣身，表示抵抗到底。不但對日人爲然，在臺灣的女性，對其他外人亦取同一種的態度。即妓女中苟有賣身於日人的，則不但本人須受了世人所唾棄，即其家族也須受了指斥。因爲臺灣島民，爲了民族的自尊，實行「拒婚」到底；所以到了現在還能將大漢民族血統的聖潔，保存得完全。

（二）祖國文化的保持

在過去半世紀間，受了日本同化政策的毒化，造成了現在一部分的臺灣青年，對於漢文不會照中國式來讀（讀法多照日本式，解法則同），甚至連自己的臺灣話，也說不清楚（這種現象，在本國沿岸各商埠，亦爲常見；如一般摩登青年或西裝男女，一開口非英語不可，即用本國語，亦必參以英語，方能達意）；但是中年以上的臺灣人士，則滿口書句，四書五經，能背誦得流利的，處處可見。即青年輩中，稍具漢學素養的，最喜學詩文酬唱以自遣，故臺灣詩社之多，實爲全國所罕見；從前結社最多達六七十處，每年且開全島詩社大會，藉以提倡祖國文化，而鼓吹民族精神；因日人對「詩」一途，視爲文人雅事，不甚加以注意，故可自由提倡。其他私塾之設，亦到處可見；教材固限於古文詩詞尺牘一類，然所學多爲大義名分的精神，默默裏養成了愛護祖國的情緒；所以在臺灣受過日本式教育的青年，一旦有了機會，學習漢文，無不努力於擁護祖國的文化，而極力鼓吹愛護祖國的精神於同胞之間。尊孔之盛，亦爲臺灣之一特象，在臺南原有文廟，每年祭典鄭重，循古禮舉行；昔年在臺北議建大成殿時，人人無不踴躍輸捐，其時筆者亦曾發表一篇「儒家教學精神」，以爲紀念。又筆者昔年在臺北開辦如水社夏季大學，或到臺中霧峰文化協會夏季講習會講學時，取題特限於「古代中華學術思想」，這一可以使臺胞記得飲水思源，醞釀著懷念祖國之情緒；二因爲題限於古代學術，可以避免種種無謂之干涉。

（三）家族制度的堅守

重言之：臺灣民族是中華民族的一部份，其民族對家族制度觀念之堅強，亦屬當然。在過去半世紀間，受日本的同化政策的統治——先是獎勵「共學」，繼而「共婚」，最後半強制的迫促「改姓」；「共學」，因教育制度的關係，臺民既欲求學，不得不從；「共婚」，因島民堅守民族血統的聖潔，始終不與合作；因「共婚」一旦實行，則不但民族血統受了混雜，而家族觀念必也起了重大的動搖，所以臺民爲欲堅守固有家族制度，當初對「改姓」一節，極表反抗。在臺民中多能記得「大丈夫坐不改名，行不改姓」這句話，所以到了摧著萬不得已時，即被迫改姓時亦不敢做出數典忘祖的範圍外事。譬如：姓「陳」的，改爲「穎川」；姓「林」的，改爲「西河」；姓「王」的，改爲「太原」；姓「郭」的，改爲「汾陽」，諸如此類以表示祖宗血統的來源。因爲家族觀念的堅強，所以雖然受過了半世紀的長期的同化統治的摧殘，臺民的民族心理，屹然不動，仍然保持著固有的美風——如同姓結婚，或是血緣較近者的結婚，這種摩登的現象，在臺灣極爲鮮見。不甯惟是，在臺灣，每一個家庭，仍設有歷代祖先的神位，大而建置祖廟；每年祭祖典禮的舉行，至極隆重。譬如「林姓」，在臺北有林姓祖廟，且編修族譜，頒給同族派下；其他各姓的情形，亦復如是。而每家姓的祖廟，多設有附屬幼稚園及各種社會施療事業，以爲救濟同族及同胞之機關。固臺民的家族觀念——即愛國精神的強烈，故此次光復，受降當日，六百萬臺胞特舉行「家祭」，表示光復故土，告慰了先人；其意義的深長而眞摯，恐惟有寫作「王師北定中原日，家祭一毋忘告乃翁」的陸放翁，最能解會的。

如上所述，被祖國割棄的臺灣同胞，在過去半世紀間，備受了種種的壓迫和分化，在日人殖民政策的統治下，爭扎著，抵抗著，過了幾代的奮鬥刻苦的生活，竟然能將由祖國傳來的民族的血統的聖潔，加以保存；將祖國的文化，歷代繼紹；將固有家族觀念，保持到底——凡這種種，保全無疵，以還給祖國，可以說是仰不愧於天，良心上遇得去的偉大的功績。不甯惟是，在物質上，此次帶回來的財富，較諸半世紀前割臺當時的數量，其差殊何啻天淵；現在且將其概況略述於下：

甲午割與日本的臺灣，完全係一半開的農業產地，當初數年，爲了整理和開發，由日本本國的國庫補助了經費不少；但是臺灣農業，經過一番的改良，加以臺民性格耐苦而勤勉，故未及數年，臺灣的財政，已能夠獨立，且一變反而爲日本本國的財源。現在農產生產總値較之五十年前，約增加了七八倍；

除島內自給及強制輸出日本本國而外，各種產品的輸出，實遍於全球，可稱爲一農產過剩的寶庫島。在事實上，農產爲一切產業的基礎。臺灣的農產品，既然生產過剩，因而原料的供給，日見充足；於是，工業應時而起，與時俱進，現在的臺灣可以說步入工業化的階段了。

在農業的工業上，今日的臺灣，以蔗糖爲最發達。五十年前割臺灣當初，每年糖之產額。不過八十萬担左右，最近年產已經超過二千二百萬担；兩者相較，實在增加了約二百七十五倍。過去每年的產糖，除供給日本本國內全部的需要外，尙且有了剩餘，可以送到海外市場，以與爪哇菲律賓各地的產糖競爭地盤。而臺灣糖在近近數十年中，怎樣能進到此種地步呢？若論產糖的立地條件，則臺灣確實遜於其他產糖地；但是栽培法之集約程度，則當推臺灣爲高度。所以能致此成績的，事實的講起來，日人的經營及指導的技術的優良，固爲要因；但是佔最大多數的臺民從業員素質之優秀，實也爲最大的原因之一。臺民本具有耐苦勤勉的特性，加以近來受過專門技術的訓練；所以在臺灣，不但糖業一途，即其他各項產業，所以能得長足進步的，無一不爲實際從業員的臺民，以血汗灌溉，心神換來的結果。現在且將過去五十年間，臺民以心血調換過來的成績，表列於下：

種類	每年產額 臺元	年度
農產物	五六八・九〇四・〇〇〇	民國三十年
林產物	四〇・〇六三・〇〇〇	民國三十年
水產物	五四・〇三五・〇〇〇	民國三十年
礦林物	三七・九九八・〇〇〇	民國廿六年
工產物	六四六・七六七・〇〇〇	民國三十年
合計	一・三四七・七六七・〇〇〇	

其他，鐵路單單官辦的已有了一・○四○・一公里；水電總電力爲一・二三三・○一二・五k・w。這樣，龐大的資源，每年出超可達五千萬臺元以上的島富，加以繁衍到一倍多的純血的同胞——約六百萬人，重返來祖國，論臺灣，確實是不負了祖國；所以祖國對待重返懷抱的臺灣同胞，如何以安之慰之，願同國人且觀其後。

臺灣同胞到底給日本同化了多少

荇　伊

《臺灣月刊》創刊號
一九四五年十一月

（一）

自從甲午之翌年，至此次抗戰勝利收復臺灣之整五十年間，淪在日人管教下的臺灣同胞，到底給日本同化了多少？這個問題，臺胞本身與關心臺灣的人，以及此後對臺灣決定各種對策時，也許是一件非先檢討不可的問題。不過，範圍之廣與內容之複雜，誰都知道是一件不可隨便談的問題。現在只憑我個人淺獨之觀察所及，提出來略談一二而已。

（二）

三民主義裏這麼說：「民族的發生，和國家的發生不同，後者以武力爲基礎，而前者是以自然力爲基礎的，換句話說，民族乃是自然發展的產物。」那麼，我們相信，經過了悠久五千年自然成長的中華民族一部分的臺胞，決不是短短半世紀的淪陷而能改變它絲毫的。但是，印在國人眼光裏的他們——態度，舉動，談論，以及思想，卻是相當日本化的。所以還有檢討的必要。現在，光就構成民族要素之血統，語言，生活，宗教以及風俗習慣，來檢討一下：

第一，「關於臺胞血統之如何，」其實是一件無須討論之問題。只知道臺灣的淪陷期間，僅及「人之一世多，而不及二世，」就可以明白一切。同時，據日人的發表：從日本佔據臺灣至民國二十年的四十年中，娶日人或以日人爲贅婿者五八〇人，嫁日人或爲日人贅婿者三六〇人。數百萬之臺胞中，與日人發生婚姻關係者，僅僅此數，更證明了他們血統的不成問題。

第二，「語言」，「語言」乃是結合民族份子的最有力的要素，亦是日人同化工作中最看重的對象之一。不依統計，只憑我們的想像，也許有人以爲懂日語的臺胞最少佔九成九。可是事實上卻不然，據日方統計，於民國三十一年，懂日語的，只佔全島人口百分之五八。懂日語與日化，依我國人即認爲是二件事情，最怕的卻是「不懂中國語（福建，廣東，方言在內）」由上面統計，我們可知，不懂日語的臺胞有全人口之百分之四二，而懂日語的百分之五八中未必就是不會中國語的人們。例如一家七口中，青少年男女四人，三四十歲的父叔輩二人，五六十歲的祖父母輩一人；那末五六十歲輩的他們，是光緒年間生的，你勸他學習日語也許可以，你若命令他忘卻中國語，那是他無論如何辦不到的事情。至於三四十歲的一輩，他們未進奴化教育之前，一定跟父母學過中國語而用著中國語。再如那一輩青少年們，雖懂日語，但同時亦不得不懂中國語，因爲他們的一家中，尚有一個不懂日語爲何物的祖父或祖母和二個說不慣日語的長輩。總之，不會中國語的臺胞，可說沒有，而日語在臺灣只是社會上的交際語，決不是家庭中的日常語。

第三，「生活」，若以「衣」「食」「住」爲生活內容，即日本男子的和服與日本婦人腰背上的那塊小袍袱，這是連日人自己也認爲是被淘汰中的服裝，誰□臺胞一本正經地穿過和服？不過，偶而拿來當當睡衣而已。至於「食」，國父曾說：「中國不獨食品發明之多，烹調方法之美，爲各國所不及，而中國之飲食習尙，暗合於科學衛生，尤爲各國所不及。」這樣俱有眞善美的中國「食料」和「藝術」，臺胞也許沒有十二分的意識，但八千年來的傳統，事實上，他們不曾放棄過，日人的壽司，生魚片，味噌湯，牛肉鍋，在交際場中或日人家裏，他們當然嘗到過，在自己家裏，弄些做做調濟胃口也是有的。關於「住」的特徵，以日本蓆子爲代表。日本蓆子，因爲有五六張大的面積，就可以給六七個孩子同睡與嬰兒爬爬走走，十分實用，所以臺胞中在中國式的本體的「住」以外，另添幾張日本蓆子的家庭是較多的。他們的吃日本料理，睡日本蓆子，與上海人的吃西菜喝咖啡，睡鐵床，用席夢思床墊，有何兩樣，是談不上同化不同化的。

第四，「宗教」，論到中日兩個根本的宗教，在大體上，可說同以佛教爲主體。然而，民間宗教信仰，在中國即佛教裏面混入孔老思想；在日本即另有神社的存在。臺胞的宗教信仰與祖國毫無二致。不過，每逢日本祭祝日，學校，團體，會給日人帶到神社去參祭。但是我們相信在那二橫二直木架子（鳥居）下，行九十度鞠躬時，臺胞的內心是絕對找不出「祭如在，祭神如神在」的感慨的。有一個臺灣友人對我說：「在神社前我也許敢殺人，在城隍廟前我絕對不敢撒謊。」日本的社道，「獨自心」過強，而無「色容性」與「國際性」；同時臺胞的個性也是相當強的。所以在臺灣的神社雖共有大小六七十所，然而同化作用上，未曾發生過效力。

第五，「風俗習慣」，關于這一點，概括的說，在上面所舉的語言，生活，宗教等，既沒有被日本同化了多少，在風俗習慣上更沒有被同化的餘地，這此由日人同化政策方面觀察，不如在臺胞所保守的風俗習慣中找材料，比較妥當而簡便。試看，普通表現民族特性最顯著的冠婚葬祭，他們仍舊保守著古時的遺風，例如：婚禮之納采，納吉，請期，親迎等之禮儀程序，與喪禮之殮葬，服孝等之儀式，至今尚沒有改變。不過最近幾十年來，日本式的神前結婚，與日本式的葬儀，時常可以看到，其原因當然是爲了時間與經濟之節省；不過，他們並非完全模倣日本式子，在全程儀式中尚有用舊法的部分亦不少。其他，一年四季中的種種行事，如農曆新年的春聯，端午節的雄黃酒，中元的孟蘭會，放水燈，中秋月餅，以及重九，除夕等，凡我民族特色的風俗習慣，無一不是完整地保留到現在。

上面所講的，是屬於比較容易觀察的幾點而論。因爲普通對於民族的概念是：「血統相同，語言，生活，宗教以及風俗習慣無甚差異的一群人的集團。」而同化工作的實施對家，也是上面所舉的幾點。

（三）

現在再進一步地，由心理狀態來觀察這個問題，因爲關于民族的概念，心理學學者們，不甚注重前節所舉的要素。他們說：「血統上相近，並不足以作爲精神一致之標準。」「民族爲一種心理的單位，民族性是心裏上一種態度所生的表出。」「如果你要知道一個人是屬於那一個民族的，最簡便的方法是你去問他……。」據他們的理論，我們可知道，一個民族要同化另一個民族，就是使另一個民族的人，改變他的忠心，爲唯一的要素。關於這一點的觀察或調查，現在雖不能以「統計的」「科學的」材料來申述，然而，可以將個人一年來之留意與直接間接的試探所得的結果，提出來做本文的結果。

達到結論（不如說它是獨斷）之前發現臺胞的忠心，有時向日，有時向中；他們的關心有時著重日本，有時著重中國；有時以日本的光榮爲光榮，有時以中國的榮譽爲榮譽，所感到的都是矛盾而相對的現象。所以首先差一點就認爲「臺胞的心理是兩棲動物的。」或「臺胞的心理是多方面性的。」幸而最後得到的是「臺胞的國家意識是屬於日本的；民族意識，民族感情是屬於中國的。有時國家意識浮在上面，有時民族意識較強。這也是臺胞內心最不快活，而不能除掉的暗影。」所以臺胞到底給日人同化了多少，這個問題，在心理上論，我們亦找不出可悲的現象，因爲國家是武力造成的，國家意識是現實問題與生活環境替他們造出來的。

（四）

從今以後，他們的國家意識與民族意識可以一致了，這兩個意識的結合，一定創造他們燦爛的前途。這兩個意識的發揮，一定造成建設中國的新力量。

民族主義在臺灣

教育處副處長　宋斐如

《政經報》一卷四期

一九四五年十二月十日

臺灣與祖國的血水關係至爲密切，談論臺灣問題，不能不先認識臺灣的歷史和地理，然而「血又濃於水」，「民族主義」在臺灣問題中佔最重要的地位，臺灣同胞不先恢復國民的實際地位，收復運動必大減效果。

葡萄人雖先發見臺灣，贊賞其美麗而稱之曰Form osa！但却不是臺灣的主人，而正格的臺灣主人，是漢民族，臺灣人是漢民族的南進先鋒隊。臺灣與漢民族的關係，據說是自禹夏時代起，後漢孫權也曾派人至臺灣勘察過，至隋煬帝而正式佔領臺灣。但這些還都是消極的一時的意義，直至明末臺灣始成爲漢民族生存上永久而積極的根據地。明末，滿清入寇，內地盡陷，萬民稱臣，獨鄭成功率八閩弟子據臺灣孤島，布政施教，開發經濟，欲藉臺灣以爲扶明覆清的根據地。於是土著生番移住深山，漢人耕於平地，其後閩粵兩省不服清制之士，皆相率而至臺灣，臺灣文物制度遂臻具備，經濟亦大發展而蔚成文明地域。

臺灣是漢民族抵抗異族統治的地基。先自明末清初講罷，滿人入關，全國披靡，屈從清制，獨鄭成功據臺灣抵抗滿清到底，終其世，清兵無可奈何。即至鄭氏三世爲清所降伏，但臺民仍武力抗爭不已，故清臣李鴻章常歎曰『臺灣三年一小叛，五年一大亂』，甲午年清廷無智割臺灣予日本，也半由於此。即至甲午年清廷戰敗於日寇，割臺灣以求和，臺灣民眾並未降服，先成立臺灣民主國，爲中華民國之先聲，繼而武力抗爭二十餘年之久，壯烈犧牲者五十餘萬人。近年仍社會運動的方式抵抗日本的統治。總之，臺灣人是漢人，充滿著漢族的血，富有『國姓爺』鄭成功的精誠與氣魄，且有閩粵兩省的冒險精神。

漢民族經營臺灣歷三百餘年之久，現在蕃殖成了六百多萬的大部落，經濟的發展也已趕上世界資本主義的水準，物產不但足以自給，且有剩餘可供輸出，以前大部分的米和糖輸往日本，樟腦和茶葉皆大量輸出世界，水電力可以充分供應現代工業之用。熱帶物產應有盡有。天然物產甚爲豐富，在人文上却殘留著一大遺憾，就是三十多萬的日本人統治著二十多倍的漢人。其統治方式的殘酷與野蠻，終使臺灣社會在資本主義相當發展的今日，仍以民族界線

開人類的鴻溝，於是臺灣的六百多萬漢人，沒有幸福可言，只過著異族統治下的奴隸生活，有時也奮起，作無後援的反抗，而「以孤軍全沒爲下場」。臺灣民眾之抵抗日本強權，國內人士或少知其「血流漂杵」，但如余清風羅俊之役，死亡達十萬，如霧社之「征剿」，日軍竟用飛機毒氣燒山洗村，其壯烈與悽慘，亦云烈矣。

然而臺灣漢人最悲慘者，厥爲徒具堅強的民族精神，而事實上都是無國無家。以前祖國固限於環境與力量，對於臺灣沒有關心，也不能關心，故一任日本挑撥民族感情的毒計橫行於國內，臺灣人在祖國的地位一向是外人，一般同胞皆歧視臺灣人。抗日軍興後，一部份國人尚視臺灣人爲日諜，在地方被誤殺的臺人不爲少數，而臺灣人的財產盡以敵產沒收歸公。因爲這個原因，前此凡不服日寇統治而潛逃歸

國者，從來皆藉閩粵籍貫以爲掩護，不敢公開承認臺人，臺人之服務貢獻於祖國教育文化如許地山者，功績不爲不偉，北伐之年爲完成三民主義革命而效死疆場者，須以數百計，抗戰軍興後踴躍後效於黨政軍文化教育各界的臺灣人，總在數千人以上，但臺人與祖國的關係依然淡薄，表面爲國人所知之臺人似甚寥寥無幾，此固有其必然之理，今收復臺灣在即，想此不幸事實能得消泯。

英明的領袖早決完整國土之心，今黨政軍當局已定收復臺灣的計劃，接收臺灣手續，不日即可開始，故擬述一最重要總原則，以供參考。臺灣隔我陸地僅一衣帶水，（海峽最狹地方，行舟數小時可達，加以血肉關係深湛，收復手續原屬易易。日本帝國主義在臺灣，並未立定腳步。依總理的分析，「最近可以亡國的是日本」見民族主義講演），其方法固在政治力，經濟力，及人口壓迫。日本在臺灣的人口政策，已經失敗，其政治經濟壓迫力之成功，也只佔領了臺灣，並沒有征服了臺灣人。最初的「手槍政策」已告失敗，最近曾發動「同化政策」，欲強制臺灣人改易姓名，廢祖宗而祀天照大神爲始祖。其獎勵漢人與日人通婚，結果無一漢女嫁日人。祖國接收臺灣首先須尊重臺灣人此種自尊心，換言之，任何人不能以歧視眼光治理臺灣，應多尊重其自治精神如何。

收復臺灣須自收攬臺胞人心下手，而收攬臺胞人心之妙，在於運用民族主義，總理指示過我們：『中國國民和國家結構的關係，先有家族，再推至宗族，再然後方是國族。這種組織，一級一級的放大，有條不紊，大小結構的關係，當中只是很實在的。如果用宗族爲單位，改良當中的組織，再聯合成國族，比較外國用個人爲單位，當容易聯絡得多。』（民族主義第五講）。

臺灣人的宗族觀念極深，每一家或一族，皆與『唐山』保持著族譜的關係。（臺灣人稱祖國內地爲唐山）用宗族關係去聯絡臺胞，容易親密混成一片。今日於宗族之外，另有一個更大的單位，那就是國族。國族原構成於宗族與家族，但此臺灣宗族與國家的聯鎖，過去不幸而爲法律所阻礙，爲日寇離間民族政策所撕斷。而今日宗族與國族雖已聯繫，但欲臺灣即與祖國聯成一片，尙須祖國體諒臺胞心理自黨政軍各方面積極施設。祖國已爲收復臺灣而苦心孤詣，其首先要著，就是集中臺人意志和力量，共商臺灣建設。臺人不甘敵人逼迫，投回祖國，謀六百萬臺胞之解放者，初時咸以前述關係而變成潛伏的力量，皆不肯顯身說法，現臺灣人的國族地位既已恢復，臺灣的潛伏力量更應使之發揮出來使得參予臺灣政務，使得服務桑梓，同時島上人士亦應儘量任用，使地盡其利，人盡其用，發揮人地咸宜的效果。

收復臺灣的第二要著，應該是爭取。「臺胞內向」爭取臺胞內向最有效的辦法，就是一視同仁政策的運用。臺胞受治於日寇達五十載之久，加以政治經濟的壓迫，皇民同化政策的愚弄，其民族精神不無多少變化。故欲爭取臺胞內向，必須先消除臺胞可能發生的猶疑之念及不安之心。這是總理遺教中最緊要之點。

光復新報・丙戌元旦祝詞

鄭坤五

《光復新報》一九四六年一月一日

芰荷度臘，金菊迎年。爆竹一聲除舊，桃符萬象更新。恭維我大中華民國，賢才應運，豪傑挺生。一舉而推翻帝制，百戰以擁護民權。始成立國基於吉日，辛亥堪稱；乃繼授民福於萬全，良辰可記。無奈強鄰虎視，侵略有加；幸我委座鷹揚，籌謀屢中。率仁義之雄師，八年抗戰；摧虎狼之賊寇，一旦功成。雪國恥於蓬萊，八矢射烏傾后羿；揚軍威於大陸，一戈揮日有陽公。拯兆民於水火，熄遍地之烽煙。五族平等，萬邦協和。嘗膽臥薪，眞箇迴天有力；揚眉吐氣，果然捲土重來。地本膏腴，歎當年甘割神州左股；島原美麗，喜今日重入祖國慈懷。恢復六百萬民權，恩同再造；解除五十年桎梏，慶得甦生。從茲碧海無波，禹域無醜虜跳梁之擾；豐年有象，康衢有野人擊壤之歌。

回思卅四年前，內憂外患頻來。解用十三篇訣，近攻遠交奏效。迎來光復元旦，獨異尋常；戴我革命殊恩，愈堪感激。欣逢天河洗甲，淑氣回寅。薄海騰歡，家家獻柏葉椒盤之酒；普天同慶，處處飄青天白日之旗。值此履端伊始，佇看百廢俱興。國威彪炳，展榮譽而宣揚八表；人權平等，行主義而奉三民。臺灣新生，定現模範之省；祖國強盛，本爲禮義之邦。文武修備，開五千年史上所無前例；人傑地靈，建億萬載國運悠久宏基。是爲祝。

編按：本文轉引自東海大學吳福助教授所編的〈鄭坤五「光復大學」古文作品輯錄（一九四六年一月一日）〉，併此致謝。

這一次抗戰的意義

——抗戰雖已成功，建國尚須努力

良正

《政經報》一卷二期

一九四五年十一月十日

日本發表接受波茨坦宣言的瞬間，我們臺灣已再復歸祖國了。五十年來，在日本帝國主義壓迫底下，過著牛馬似奴隸似的生活底我們六百多萬兄弟這瞬間的感情，無論任何大文豪都不能描寫，任何著名的大作家都不能表現。

我們可以說，在日本降伏的瞬間，我們臺灣眞實的歷史已再開始了。但是我們須要知道臺灣這次的光復是國內無數有名無名的抗戰英雄之熱血換來的。故我們決不可束手坐享其福，須要以誠懇嚴肅的態度，來感謝抗戰英雄在天之靈，同時認清這一次抗戰的意義，以昂揚民族精神，向戰後祖國的復興建設努力！

不消說，我們中國是百年來世界帝國主義的半殖民地。自鴉片戰爭以來，領土都被侵略，主權都被侵犯，不得不容許帝國主義國家群在華特權，不能與一切國家締結平等的條約，不能在國際上與一切國家地位平等。

這一次太平洋戰爭是兩種戰爭相混合的。一是：日對美英戰爭，就是美英日三國爭奪殖民地和勢力圈的戰爭（關於此點不用詳說）。二是：中日戰爭，就是侵略與反侵略的戰爭。但是這兩種戰爭在時間和空間都互相關聯著，而辯證的發展到統一的整個的太平洋戰爭。

中日戰爭，實質上是我們中國民族與日本帝國主義爭奪對中國半殖民地半封建社會秩序的清算權的戰爭。自然，這是兩種絕對相反的清算。日本帝國主義的清算目的，是要使中國由半殖民地地位轉入百分之百的殖民地地位。同時是要消滅英美等國在華的特權和勢力。故如果清算權操在日本帝國主義手中，我們中國就要變成百分之百的殖民地，我們中國民族就要變成「大東亞秩序」祭壇上的贖罪羔羊。而中國民族的清算目的，是要使中國由奴隸地位與半奴隸地位轉入百分之百的獨立和自由地位。故如果清算權操在我們中國人民手中，中國民族就要打碎百年來掛在他頭頸上的鎖鏈，結束百年來的半殖民地和半封建的社會生活，使舊中國轉變爲一個獨立、自由、幸福的新中國。

不錯，這一次我們的抗戰確實勝利了，而表面上像驅逐了侵略者出境，掃蕩了半殖民地的遺蹟，而恢復了領土，奪回了主權，取消了一切不平等條約和列國在華特權，使中國變成了一個眞正獨立與完全自由的國家。但抗戰結束後，外國在華特權未必完全取消，被侵略的領土未必完全恢復，被侵犯的主權未必完全奪回。現在外國在華特權仍然存在，九龍、香港仍然被英所佔，蘇聯進出於滿洲、大連與旅順的使用權在蘇之手，滿洲鐵路的中蘇共同經營，所謂「日本退而蘇聯入」這些事實，我們不可不關心，不可不警戒。此後，這些問題會如何進展，要如何解決，完全由我們的戰後復興建設如何而定。

總而言之，抗戰雖已成功，建國尚須努力！

（三四、九、一五）

關於改姓名及日籍臺胞問題

《臺灣新報》「社論」一九四五年十月二十二日

臺灣業已光復，所以臺灣同胞復歸中國國籍，這是理之當然，若是漢民族無論那一個人都沒有例外，但是臺灣有所謂改姓名和願意取得日籍之人們，這是日人統治下之怪現象，又是臺灣歷史之悲劇，改姓名和入日籍之人們，在其個人上當然有種種之事情，不能一言而論，可以同情底地方亦有，但是在民族心理上看來，是非常可痛之事，假使此次之大戰，不是中國得到勝利，反之日本得到勝利之時候，此種人們恐怕大部分永遠地離開了我們的民族也說不定，許多之人士，把這個問題看做很輕，但是從民族心理之深處看來，當然不是可以容易看過之事實，我們的姓名，是表示我們的血統，表示我們的歷史，表示我們的文化，就是表示我們的為人，這樣地看來，那裡可以輕輕地改來改去呢，改姓名之大部分，都是因為日人之強迫，貪小利及子弟教育問題等之故，所以在表面上看來，好像很小的問題，但是在民族節操上看來，是非常嚴重底問題，我們四萬萬同胞正在浴血抗戰之時候，我們因為日人的小小的壓迫，就容易可以來認賊為父嗎？因為要多拿一點配給品，就要來輕輕地放棄歷史與傳統嗎？因為子弟之教育關係，就可以馬上亡去民族的節操嗎？特別要再嚴勵追求者，就是取得日籍之人，改姓名之人雖然是改做日本姓名但是還是臺灣籍民，但入日籍之人已經在法律上或是精神上完全是日本人，他們已經離開了我們的民族，要去做一個完全的日本人之輩，然而自八月十五日以來，改姓名之人，就馬上改回來了，特別是入日籍之完全底日本人亦要再做中國人，趕快請律師來辨離緣等的手續，沒有一個人想我已經是完全底日本人，所以日本打敗，我亦應該做一個完全底戰敗國國民到底，都一樣的要回來了，這又是多麼奇怪之事，在一方面看來，亦可以說是我們的民族意識很強，使此種精神上的亡國奴重回祖國，但是這是站在民族全體上才可以說，在其個人上總難免良心上和社會上之責任，我們當然對此種在日人治下被歪曲之人們，應該以大國民之風度來抱擁，但是失去或是將失去民族精神之此等人們，亦應該十分反省，徹底清算過去之所謂日本精神，來做一個完全之中國人，這是在臺灣建設上最主要之一個問題也。

新臺灣之建設與『御用紳士』問題

《臺灣新報》社論
一九四五年十月十四日

臺灣自馬關條約被割讓給日本以來，經過半世紀之久，這五十年中間，臺胞所受之痛恨。當然是不能枚舉。特別是日本帝國主義毒辣之民族政策，使臺胞發生種種之精神混亂，竟不能保持一個完全底民族性格。民國二十五、六年，記者僑居上海，記得某夕和國府行政院參議某同席，當時日本之對華政策，日漸加緊，有一觸即發之慨，而東北之走私，引起全中國關心的時候，話中當然言及關於漢奸之問題。某參議慨然而言曰「漢奸當□是民族的敵人，以我們不能兩立，但是他們甘心爲虎作倀之心理，可以分三種而言，第一種就是只因爲吃飯的問題來受敵人之驅使，罪責最輕之輩也。第二就是求榮求利而亡去，民族之輩子，這是所謂普通之漢奸也，第三就是不能相信自己民族之人，他們不能感到自己民族之力量，只當中國民族永遠不能超生，永遠不能脫離帝國主義，來建設獨立國家之輩子，此等人們之發生，是非常可痛之事，但是亦可給我們嚴厲之反省」。這幾句言辭，很深刻底記在我的心上，使我永遠地不能忘去，不能相信自己民族之人，這是多麼可怕的存在他們已經不能相信自己的民族，他的國籍雖屬中國其心理上看來已經不能說是中國人。最近坊間議論紛紛，之所謂「御用紳士」問題，使我再想起某參議之言辭，臺灣因爲在日本帝國主義淫威之下，過著五十年被歪曲之生活，使發生種種民族心理之混迷，而發生「御用紳士」亦難怪之事，日人治下之臺灣，因失去政治上之希望，使發生一種所謂猶太人根性，只有追求目前之小利者亦不少，甚至不顧民族全體之利益，賣友求榮，出賣民族爲虎作倀，反背民族利益之軍亦未必無有。近來有『警告御用紳士退場反省』之標語亦令人可以首肯，於茲這民族光復之秋，若是在過去幫助日本帝國主義，來欺騙凌辱同胞之輩者，應該退場反省，這是理之當然。但是現在應該不可分派相爭，要大同團結之時候，『警告御用紳士退場反省』之標語，一見有妨害大同結之嫌，其實完全不是，若是被民眾公認之『御用紳士』依然以卑劣的手段，改頭換面，乘機登場而再求榮者，一定要遭受民眾之一大反抗致使破壞大同團結，所以『警告御用紳士退場反省』之一事。這可以說是爲建設新臺灣不能免之過程。

我現在的感想

林達川
《新風》創刊號
一九四五年十一月十五日

光復了後的臺灣。眞是情景一新。各處無論是都市田庄、或是深山海邊都是顯現出一種，非常活潑，極其喜歡的表情。過去五十年間，籠罩在我們身上的一切之壓制，一切之苦楚，而今已被推翻於九霄雲外去了。吃得很多苦楚的我們、怎麼不開心！怎麼不爽快！我們的祖國，抗戰八年，忍受過了許多的困難，我們才有今日的光榮，這層很大的恩惠、就是我們絕對不可忘記的。

而今回顧我們的過去五十年，眞是現世的地獄，在那帝國主義的支配下、有冤不能伸，有言不能說、我們均受過那最惡劣的殖民地政策，皇民化運動，其實是奴化教育，弄到東倒西歪。譬而警察，呼應那愚民政策，助長一部分愚民甚麼密告，投書種種，再容警察官的自專肆虐，以封殺我們的團結，以封殺我們的勢力，眞是不令人切齒嗎。他只要保持那假君子的小鬼殼示他等在臺日人的君子氣概、養成著近來生出話題的所謂『御用紳士』教育了許多無智警察官、做著被人惡憎的地位，聽說自日本降伏後，這些無智，被利用做「滅自已民族勢力的使者」已經遭遇著慘不可聞之地步。然由我們的感想，雖然他們，被利用作『滅自已民族勢力的使者』犯了不可容的罪責，總是我們，要求他們深深的反省、早日清算過去的罪惡，懺悔前非，回頭是岸，努力我們此後的建設，要知驕者不久的萬古不磨之眞理，將以前的經驗活用，善操，可貢獻於我們臺灣之發展。我們在今日、必須要履行我們偉大的指導者　蔣委員長向我們所說的「己所不欲、勿施與人」的教訓。以毒制毒、結果是不得無毒、大國民的矜持、不是要學他們的惡毒。

關與日本向我們的教育方針，在國慶日，我們最欽仰的灌園先生，已經向我們說得很明瞭，他們的教育，雖不可用的，可是將其施設我們應該保持，可應將來之利用、因最近聽說，有一部分的人們，將學校毀壞，取其材料以充自己之需、這是我們絕對做不得的事罷。因爲年久日深被壓制得很苦的我們，今日可能重見天日，眞有說不了的歡喜，然，有一部分的人們、以今日到臨我們眼前的自由爲放縱、白晝在街頭巷尾、開帳賭博、又如驛頭、街路、公用便所、穢亂到臭不可當的狀況、這就是完全表現我們的恥辱，我們須要冷靜、向我們自己的心頭摸一摸，以好言，互相苦勸、要知眞的『自由』二字的意思、並非是「放縱」的理，有自制、才有自由，譬如各人、自逞自己無限的慾望，白晝執刀行盜、我們這最愛的臺灣、要變到甚麼地方、我們的生活、要取怎麼樣的威脅嗎？

在這個最光榮的現在、我們就該向自己深深反省，不可放縱、以招我們自己的紛亂、建設著一個完完滿滿、極其清幽的臺灣，以報革命先烈之英魂、以報祖國人們的懸念。

因今日之轉變、曾受日本教育的青年諸君，在於精神上確定是極其歡喜、但是累積來的學業、一變爲水泡、難免一種的苦痛、總是我們在今日，不可拱手自嘆生不得其時。須要提起大大的勇氣、經歷著這個最光榮的苦楚、期在早日、能得讀解國文、舉筆寫得去的境地。日本語的問題、我們此後。不要理解他的。我們是大國民的總要自覺、我們的『三民主義青年團』也經向我們推行識字運動、我們最希望的教育、自然能達成的、但是我們、不可事事聽令而行、該作的事、就要提出我們青年特有的熱情和勇敢、率先來做、識字的問題，就是爲我們中國國民不可無的條件、以我們的熱情、前來努力、有甚麼爲難呢！

忽忽慌慌、而且淺學、寫到這樣無統無一的感想、希望諸位不可見怪就是。

（民國三十四年十月寫於稻江）

臺灣光復後的新使命

麗　明

《臺灣月刊》創刊號
一九四五年十一月

我中國東南海最大最華麗的島嶼臺灣於西曆一八九五年四月十七日，因滿清政府與日本開戰失敗後，簽訂馬關條約，將該島暨澎湖列島割讓給日本的。現在算起來，距離我們勝利日適值五十年另四個月。在這半世紀的時間裏，我們的同胞，忍受了慘痛的侮辱和奴役，以及酷烈的剝削，回首前塵實不勝感慨。這長時間的慘痛犧牲結果，促動了日帝國主義者侵略我國及整個亞洲，進而威脅世界和平。日寇得到臺灣，是侵略政策成功的第一炮，以後努力開發臺灣資源，挹注他貧乏國土，培養了他先天的貧血症，不但如此，甚至支持他制霸太平洋的國策，利用臺灣豐富資源，從事於侵略戰爭，日本人視此爲其國家輸血管之一，這可見其重要了。

一八九五年，中日之戰結果損失了這塊我國寶庫，他的面積計三五九〇〇餘方公哩，他內部有把沃土壤，廣大的森林，豐富的礦產，無限漁鹽之利。他最初是福建的一部份於一八八六年劃爲行省，是明代民族英雄鄭成功反抗滿清的根據地，全省總人口約六〇〇〇．〇〇〇餘萬人，中國人佔全人口百分之九〇，土著番人佔百分之一〇島內生產；米，茶，甘蔗，甘薯，水菓，森林遍于山嶺，樟樹尤多，礦產有金，銅，煤，硫磺，汽油，鹽，等沿海漁業很發達，有無限發展的希望，工業製糖和樟腦的產量很可觀，所有的我華人遺裔，莫不刻苦耐勞，風俗習慣語言，和我福建無異。這蘊藏的許多人力資源，五十餘年來，被亞洲的強盜日軍閥利用爲侵略中國，及南洋各地的軍事的，工業基地，物資的供應地，日本人用種種方法來經營這塊寶庫，開發產業，改進農礦，剝削人民的生產物資，無所不用其極，另一方面消滅臺灣人民的民族思想，彈壓人民反抗，屢次的革命都歸失敗，消滅文字，實行奴化教育。造成功殖民地的順民，採用了陰毒而嚴密的警察網，控制人民反抗，用盡心機使整個的臺灣土地與人民，統治於他的鐵蹄下。

現在全世界的侵略者，遭遇了毀滅的命運了，太平洋戰爭改變了過去整個的局面，祖國八年來堅決的對日抗戰，已得到了光榮勝利，這寶庫臺灣，已恢復了原來的中國領土地位，人民重新呼吸到了自由的空氣，回到了祖國懷抱裏了。當此河山恢復，光明重見的時候，我們慶祝勝利歡呼解放的聲中，我們每個臺灣人民應該起來，重新考慮此後解放獨立自由的新興建設重要的使命，此後每個人所負的責任是很重大的，工作是很繁重的，當此臺灣月刊發刊之始，謹將管見所及，提出數點，與我國內賢達商榷焉。

（一）教育的重建和思想的改造

五十年來，日本統治臺灣，控制人民思想，和施行殖民地的奴化教育，是他統治的重要手段，取締民族思想，消滅固有文化使其忘記原來的祖先，所以現在的臺灣青年甚至有不識國文，而且忘記了是中華遺裔，雖然有不少的民族志士，隨時在提醒同胞，但魔高一丈道高一尺，而且日人制壓民族思想的抬頭，非常嚴厲。現在已獲解放，是獨立國家的公民，我中央政府已在計劃重建教育，但我先進的臺籍知識人士，應該群起協助政府，掃除殖民地的教育制度，和奴化思想，灌輸民主，自由的革命的時代思潮，和三民主義的理論，普及教育，尤其注重我國語文的普及，澈底掃除五十年來的毒化教育。

(二) 確立民主政治

我們已由日本的統治階級的魔掌裏。解放出來，是中華國民的一份子，是民主國家的公民，光榮的勝利帶來了我們完整的人格，再不受任何國家殖民地統治，我們挺著胸，站起來把握住民主政治的理論，切實奉行，積極訓練自己，參加政治，共同協力完成民治，民有，民享的，三民主義的國家，促成三民主義的國家建設。

(三) 人力資源貢獻祖國

因勝利的結果，臺灣已是我中國的一部份。五十年來，臺灣爲日本積極的經營開發和榨取，本來的豐富資源，盡量給日本利用，現在產業勃興，交通開發，工商發達，支持了日本的貧乏，現在所有的人力資源，已在敵人手裏奪了回來，一向爲日本人作爲侵略本錢的臺灣資源現在應將他變作我們建國的資本，所以我們六百萬同胞，應各盡其力，貢獻所能集中所有的人力，物力。和各部門的技術，使成爲建國的洪流，貢獻祖國，務使物盡其用，人盡其才，完成戰後的復興建設。

（四）鞏固國防開發產業

中國數十年來，因政治不安，內戰頻仍民不聊生，國防產業皆失建設，門戶洞開，產業落後，積弱日久，致遭日寇侵略，險遭亡國滅種之慘禍幸我最高領袖蔣委員長，領導全國人民與軍隊，八年來堅苦卓絕，及運用正確的國策，與反侵略國家同盟合作，得到了今日最後勝利，還我河山，得到空前勝利，湔雪了百年來的國恥，人民獲得解放，國家得到自由，恢復了祖先交給我們的固有江山，這是我們有史以來的偉大功業，但是要保持這祖先的遺產，對於國防建設工作，和產業開發，是萬分的必要。就日本人五十年來經營的規模，加以充實，改造，並增強，盡量輸入新的機械和枝術，提倡工業，日本人統治時代，施行殖民政策，致力于原料的大量生產，以便搾取。此後我們的產業方針，農業和工業是同樣要注要的，短期內使臺灣工業化。

（五）保持固有美德，完成建國任務

在臺灣的人民，平素十分勤苦耐勞，心地非常純樸；他們依舊保持著我祖先固有的美德，對於禮義廉恥非常注重，對於不良的習慣毫無染習，如貪污奢華煙賭等均未沾染，日常生活保持著良風美俗，最適應於新生活運動之基本原則。倘能發揚光大，完成我們的建國使命，協助政府使祖國成爲現代化的強國。此後，假使不能保持這固有美德，而至民風墮落，思想乖離，發生一切不良的現象，這對於主政的人們須負相當責任的，希望特別的注意和警惕。

以上各點作者就管見所及，隨手提出貢獻給我親愛的讀者，至於詳細的方案，和計劃，需待國內賢達，和技術專家來做，非作者所敢妄言，這篇小文不過在這勝利來臨，國土重光，重建工作即將開始的時候，即作拋磚引玉之意罷了。

臺灣光復以後

三　愚

《臺灣新生報》一九四五年十一月二十二日

(一)

臺灣已經光復了、日本投降、長官就職。街上飄揚中華民國的國旗。機關懸掛中華民國的牌子、有中華民國的警察、有中華民國的軍隊、土地已經是中華民國的領土，人民是中華民國的人民、主權是中華民國的主權、臺灣確確實實已經光復了。

臺灣已經光復嗎?機關還有不少的日本員工、學校也有不少的日本師生、所見的是許多日本文字、所聽的是許多日本語言、日本食物商店、充塞于街衢日本式的房屋遍布在市郊、從嚴格的光復意義來說、臺灣已經光復嗎?臺灣已經完完全全光復嗎?

我以爲臺灣雖已光復、仍須繼續努力、光復後果的如何、看光復以後怎樣努力。當滿清已經推倒、中華民國已經建立的時候、總理告訴我們「革命尚未成功、同志仍須努力。」在日本已經投降、民國政權已經樹立的臺灣的今天、我願大家自勉勉人「光復尚未成功、同胞仍須努力。」

（二）

怎樣努力呢？怎樣繼續努力呢？

我們首先要認識光復的目的、光復是求進步、並不是復元。如果說光復是回復到未被占領前的狀態、那是誰都認爲錯誤、誰都無此錯誤之想法。所謂光復、是把臺灣回到中華民國、土地、人民、主權都歸到中華民國、但光復的目的如此而已嗎？不是、光復的目的在使臺灣有三民主義之實、作到民有、民治、民享。日本是「帝」國什麼以「帝」爲主、中國是「民」國、什麼以「民」爲主、這就是日本與中國的根不同、而光復前與光復後臺灣的根本不同、應即在此。以「民」爲主的國家、一定要注重全民的富強、康樂臺灣的全民如果一日得不到富強康樂、就是光復的目的一日沒有達到。

其次我們須檢討檢討現實的工作、三民主義的工作、已做到幾分？民族主義在抵抗侵略、在國際上取得獨立平等的地位這一點算已做到了。其餘就臺灣言臺灣、扶助弱小民族使能自治自決、例如高山族等已經做到嗎？不、已經開始做嗎？恢復民族固有的智慧、道德能力、迎頭趕上的學習□□□□□□、已經做到嗎？已經開始做嗎？關于民權主義、人民有行使四權的準備嗎？政府由專家組織、夠得上有「能」嗎？關于民生主義、民食己足、民衣己裕、民居己安、民行己利嗎？平均地權、耕者有其田、節制資本等、凡此種種都是達到光復目的所必需、都是實行三民主義所必需、怎樣逐漸逐漸去實行呢。那是我們所必需注意的。

（三）

臺灣的前途誠然很光明、但是前進的程途尙相當遼遠、臺灣的希望、未嘗不偉大、但是準備的工作、□非常艱難、我們不要怕程途的遼遠、須以勇氣與毅力、一步一步走進光明的前途、我們不要怕工作的艱鉅、須以奮鬥與犧牲、隨時隨事滿足偉大的希望。勿謂光復即是休息、勿謂光復就可享福、熱烈的情緒、堅強的意志、困苦的生活、緊張的努力、以前用以從事臺灣的革命的、現在要用諸臺灣的建設了。我們須以革命的精神著手新臺灣的建設。

臺灣的同胞們、你們以前是日本政府的奴隸、現在是民國的主人了。當然主人是有主人的權利的。但你們要注意、主人也要盡主人的義務、□主人的責任、人民的苦樂、政治的好壞、以前不許你們負責、你們因此也可不必負責、現在臺灣興亡、你們有責了。你們如何盡義務、負責任呢？首先各盡本分各安崗位、務農的忠于農、做工的忠于工、其餘從事各種職業的、只要不是害社會的、各忠于其職務。工作的效率、務求比光復前增強、工作的努力、務求比光復前加倍、其次「各人自掃門前雪、莫管他人瓦上霜」這一種態度、在民國時代是不適用的。民國的時代是群眾的時代。群眾的時代、大眾的福利、須靠大眾的力量、每個人依賴大眾而生存、就應爲大眾而服務、你們須認識群眾的價值、須富有服務的精神。其次、你們是要行使政權的、你們要有認識政治的知識、要有關懷政治的熱情、要有參與政治的能力、你們要把政治看做與飲食男女一樣重要、勿置諸度外、勿莫不相關、政府是和你們休戚相關的、你們要積極協作、而勿消極不滿、你們要竭誠扶助、而勿坐視□□、實行這三者、你們對于新臺灣的建設才算盡了應盡的義務、負了應負的責任。

臺灣的公務員們、你們是三民主義的信徒、應以實行主義為事業。你們是臺灣人民的公僕、應以服務人民為天職作前提。你們之為公務員、應該不是□□□、不是為享樂、我相信你們願為事業而犧牲、願為人民而吃苦、中國政界之有種種腐敗、貪污、敷衍的惡習、是無容復言的。你們之在臺灣、因為臺灣是一種新的環境、應具有不把那些惡習帶給新臺灣的決心、日本之統治臺灣、其設施、亦不無良好的、可以取法的、這五十年來日本政府、固然給與臺灣同胞以言難盡的無量痛苦、固然在臺灣作過不少的惡、但現在尚存在的交通的設備、生產的工具、場所研究的機關、教育的學校、乃至若干行政與法令、以前□□□□多數臺胞、而誅少數人的自私自利的現在未嘗不可用以謀大眾的福利。至於日本的工作、精神也有可以取□之處。如何好好利用固有的設施和精神、使以前用以禍害人民的一變而為造福利於人民、這也是公務員當前很大的任務之一。長官一再說過、要建設新臺灣、要使臺灣成為實現三民主義的臺灣、這好像是老生常談、但實則是一種崇高的理想。如何使這理想成為現實呢?諸位公務員應該是責無旁貸、義不容辭的。公務員應該是建築理想的臺灣的工程師、諸位公務員、你們知道臺灣的人民對於諸位的期望是怎樣的大、國家所付託於諸君的責任是怎樣的重、□你們不要負臺胞的期望。你們不要負國家的付託。倘使新臺灣果然建設起來了、倘使臺灣果然是三民主義的臺灣、臺灣的人民當然身受其利益、在你們也可以說得到無上的安慰、無上的愉快、因為世間無上的安慰無上的愉快莫過于親手實現一種崇高的理想。

臺灣已經光復了、光復的後果如何、視于光復以後的怎樣努力、相望大家深切的認識光復的目的、誠實的檢討當前的工作、人民和公務員□建設新臺灣為實行三民主意面各盡其最大的精力、在將來臺灣、曾有一天以今日對於光復的□欣來歡欣光復的目的之終于完全到達。

臺灣的新生

吳克剛

《新生報》一九四五年十二月二十二日

五十年來，中國民族，忍受了無窮的恥辱，遭遇到難言的災禍。而臺灣的割讓，尤爲慘痛。本是中國的一省，成爲他國的殖民地，數百萬我國的同胞，橫受異族的宰割。幸賴全國軍民的英勇抗戰，同盟國家的密秘合作，獲得勝利，收回失土，從痛苦的深淵裡，臺灣光復了，新生了。痛定思痛，我們該怎樣的努力，使殖民地的臺灣根本改造成爲自由平等的樂土。

殖民地的性質，以經濟剝削爲中心。富源是要開發的，但是目的是使「母國」，獲得優厚的利益。工業的產品，農業的收獲，儘可能的運到「內地」去。一方面使少數財閥，成爲富豪，一方面更使國力增強，以便繼續侵略。

爲了達到這個目的，任何手段，都不惜採用。政治方面，採取高壓政策，人民必須絕對的服從統治者的意志。任何反抗的行爲，固然要嚴厲□□，便是一切不滿意統治者的思想，也要無情的取締。

文化方面，也以維持統制者的利益爲主體。教育需要普及，因爲識了字的職工，效率可以提高，管理也較便利。職業教育的擴充，有助於產業的發達。對于高深學術的研求，領袖人才的培養，則以統治者爲限。科學之門，關得很緊，祇有醫農等科，因爲不會出大亂子，稍加開放。至于被統治者，是不允他們用頭腦的。文字語言乃表達思想的工具，更□方法，迫令更改。至於更姓改名，更加惡毒了。

但是一切基于暴力的政策，都無法持久。便是採用一些懷柔的手段，到底騙不了人，日本統治者費盡心機，要內臺一致，要日臺同化，結果完全失敗。此次光復，臺胞慶祝情緒的熱烈，非吾人始料所及，五十年的奴役束縛，一旦解放，怎會不興高彩烈，手舞足蹈，深呼自由的空氣，迎接光明的未來呢？

不過未來的光明，還要我們努力爭取，共同創造。自由給與我們的權利，也加重了我們的義務。我們的命運，操在我們自己手中了。不能偷懶，也不容消極。自由人的條件，便是勇往直前，創造未來。

機會也太好了，我們五十年血汗造成的財富，外人再也拿不回去。工廠、礦山、高大的建築、便利的交通工具、被異族強佔的土地，都歸還我們。凡此一切，過去都是掠奪的手段，現在變成致富的起點，幸福的源泉了。

這些工礦農林交通水利種種建設，非但應該繼續維持，而且還要不斷的發展，盡量的擴充。這些事業，過去完全用以飽滿異族財閥的私囊，增厚侵略國家的資源，現在主權歸我，全部要用以改善我們的生活，促進我們的進步，我們應該加倍愛護，格外珍視。

更進一步，這些事業，既是全體臺胞血汗勞苦的結果，今後應該歸全體臺胞所共有共享。我們齊恨異族的財閥，也該乘此時機，阻止本國財閥的壟斷與獨佔。總理一面提倡實業建設，一面主張節制資本。報載日本在臺灣投資達二十三萬萬日元，將來大概將以賠款方式，移交我國。這宗資產，應該屬於中華民國，不能由少數人侵佔。

大規模的企業，都由政府經營，都爲人民服務，這是全世界的趨勢。我國如此，臺灣也該如此。不能或不趨於公營的，應該盡量採用合作方式，使人民互相聯合，共同經營，應增進團體的利益。務使生產增加、分配合理，社會秩序得以安定，生活水準得以提高。這是三民主義的經濟政策，應爲全體人民所擁護。

節制資本以外，還應乘此時機，平均地權。土地問題乃人類史上最苦痛的問題，民族的盛衰，國家的存亡，社會的興替，人民的禍福，都與這個問題，有最密切的關係。同時這又是最困難的問題。由于侵略與霸佔，土地分配的不均，有長期的歷史，急驟改革，異常艱難。祇有在特殊的時機，方能進行順利。而此時的臺灣，給予我們歷史上稀有的機會，我們決不可放棄。都市的地皮，凡是日人所有的，應該收歸國有，使全體人民都有使用的權利。農村土地，也該實行耕者有其田。日本地主的田產，應該歸公，使我國的農民，不致再受剝削與壓制。

在臺灣，此時，平均地權，節制資本，是水到渠成，輕而易舉的事。失掉這個良好機會，將後悔莫及貽害無窮，我們將成爲千古罪人。我們應該徹底理解這個問題的重要性，上下一致，負起責任，使臺灣成爲實施三民主義的模範省。

凡是新的道路，必須有新的走法。新的方針，人類社會的種種制度，因爲是歷史的產物，有許多是不會合理。譬如臺灣的情況，許多方面，是日本侵佔五十年的結果。應該清算一下，好的，不妨保留，壞的，必須廢棄。我們應該以冷靜的頭腦，大膽的思想，作長期的計劃，永久的打算。我們要研究怎樣才能回轉多數人民的苦痛，增進全體民眾的福利。

臺灣光復，是中國歷史上劃時代的大事。創造新臺灣是我們此後的責任，我們不該有絲毫的疏忽，不許有一刻的偷懶。我們不要忘記中國全體軍民的犧牲，不要辜負同盟各國的援助，我們應該有勇氣，有毅力，上下一致，通力合作，以促進並完成臺灣的新生。使臺灣成爲富強康樂的臺灣。

我們新的任務開始了
——給臺灣智識階級

林萍心

《前鋒》
一九四五年十月二十五日

五十年了，我們決不是健忘的人，我們記得非常清楚，我們是在怎樣悽慘的情形下過著日子。我們的祖宗，我們的父兄是怎樣地呑聲忍氣流著他們的血和汗，讓這半世紀漫長的日子拖過去。一隻兇惡的魔手緊緊地扼住了咽喉，無數的先烈，無數的志士，受著這鐵蹄蹂躪、我們是默默地在過著用血寫成的過去歷史。我們時時在試鍊做個安份守己的「愚民」。我們是被擯棄在這化外，在這孤島，那時我們的呼號得不到什麼效果的，而加給我們的壓迫更一層一層的加緊，我們是一天一天往深淵沉下去。

當我們聽到了祖國掀起了辛亥革命之鐘，我們抱著了一線生的曙光，我們喜歡看推翻了君主專制的滿清、我們感謝著黃花崗七十二烈士及其他無數英勇革命先烈所流的血。我們更爲了國民革命軍北伐成功而歡欣。四周雖是高圍著牆壁，我們依舊是睜著希望的眼睛看著我們祖國所走的英勇困苦的路——從五四到五卅，從「九一八」到蘆溝橋事件。那無數的時代戰士，無數的民族英雄，他們是在可歌可泣狂風暴雨下在扎掙在奮鬥呵！

終於這一天——八月十五日到了！我們祖國抗戰八年已達到了最後的勝利！我們六百萬臺灣同胞也得著了解放。九月九日九時的南京降伏調印式，是我們最寶貴的紀念。我們歡呼，我們雀躍，從今日起我們是人，我們不是人家的奴隸了。

我們有這一天，我們不應把我們的責任輕易放過去。這是我們的時候了，臺灣的智識階級，我們要肩起這重大擔子，喚醒我們臺灣同胞的愛國心和民族精神。我們應當清洗日本給與我們五十年的一切過去。我們應策勵未來的新建設！今後我們應肩起的任務非常的多，非常的重。我們更應一番的自勉自鞭，我們應爲了國家，拋棄一切私利私慾，拋棄一切過往腐化虛名以完成我們智識人的新使命，今後的工作雖是很多，然而在這過渡的短時期中，我們每個智識人至少要負起了初步的工作，我在這裏先提出了幾點，以爲拋石引玉之用。

第一、我們應該是媒婆

在這版圖光復，鄉土建設的大目標下，我們智識人應是媒婆，應是座橋樑，一方面大多數的臺灣同胞受盡了五十年日本奴隸教育，他們中間大部分已成了「機械的」的愚民，而小部分已成爲了極危險性的「準日本人」我們要用怎樣的手段和方法，在最短時間中去喚醒去感化這兩批的同胞，使他們認識祖國，使他們改掉「大和魂」的思想，成爲個個建全的國民，使他們能夠走上了建設新臺灣，建設新中國的大路去。

在另一方面，應盡量去提供去傳達去暴露在這半世紀日本帝國主義統治下各種眞相。無論是經濟政治科學產業文化教育，我們應作系統的報告，給我們新的指導者，新的施政者供作參考的資料，作爲座右銘。

這是我們自由的時候了，我們再也不是受苦毒的「養媳婦」了。我們不要躊躇，我們是街頭的先導者！這工作也許是非常艱難，我們應當不辭勞苦，本著滅私奉公的愛國精神，我們個個成爲潑剌而又口利的媒婆！

第二、我們要肩起了啓蒙運動

我們六百萬的臺灣同胞中，有無數受著初等教育的人，他們雖是充滿了臺灣歸返祖國的歡喜心情，他們是盲目地在摸索，他們是找不著一條回歸祖國的正路。他們需要我們的引導，在這短時間中我們應積極地創設各種城市或鄉村的國語普及會或夜學。我們集中我們中心力量作種種街頭宣傳，開催各種有適合時宜的定期演講會，我們更進一步的利用廣播臺利用新聞雜誌各種宣傳簡明小冊子以至於用流動小劇團，去作爲對民眾初步啓蒙運動。我們多少可以幫助我們政府去推進國民教育，去洗清了他們浸在血液裡的毒！我們最難對付的，應是那班受著了普通中等學校教育的又在社會上混過的人，他們是俱備了最毒最深的頑固日本精神，他們血液裡流著了無數「天皇」「大和」等等不可救的毒，我們對付這班的戰鬥不是件容易的事也不是一朝一夕可以見效的事。這是件很嚴重的社會教育的大問題。至於那些小數的搖頭擺尾的小丑走狗，當著日本高壓的政策下，他們捧著他們主人的屁股，爲著了私利私榮不惜昧了良心去殘害毒殺我們同胞。當這時他們搖身一變，掛起了羊頭在賣狗肉，他們是把愛國當著一種投機的事業。我們應當去掃清、去驅逐、去暴露他們的陰謀。爲了我們新臺灣建設，爲了我們六百萬的臺灣同胞，我們——臺灣的智識人——應不辭勞苦肩起了這種戰鬥的工作，這樣我們初步的民眾啓蒙運動的大路上，才能平坦無阻礙的。

第三、我們要用什麼話寫？

我們智識者群已是站在媒婆的地位，又要肩起了啓蒙民眾運動的大工作，因此要進一步研究技術的問題——那是要用什麼話寫呢？雖然這不是最重要的問題，卻是一切問題的先決問題。

就現在我們祖國的文字情形來說，大略可分爲四種，一種是古文的文言，一種的梁啓超式的文言，一種是舊小說式的白話，一種是五四式所謂文語合一的白話，最後的一種便是現在我們祖國通行最廣大的文字。

在這五十年日本奴隸教育之下，除了民間殘留了一些極少數的古文的文言和舊小說式的白話以外，可以說對於祖國的五四以來的白話文運動沒有受著絲毫直接影響，也可以說是一張白紙，我們不是語言專家，我們未能在現用的文字有所建議和批評，在這緊急關頭，我們要用的話應當是我們祖國最通行最普遍最標準的話，我們要寫的文字，自然而然是愈接近這種話的文字——那就是五四運動以來流傳下來的白話文啦！

第四、我們要寫什麼？

跟著我們要用什麼話寫的問題以後，就是要研究我們要寫什麼？這問題可分兩方面來說。

第一是形式方面。爲了要普及，爲了給廣大民眾更容易的了解，我們最初應用著極淺近的敘述方法的文字。在必要時，我們可以利用著說書式或民間流行的演義式的體裁使廣大民眾容易接受。我們在實際工作時，可以隨時隨地的改良或創造出適合的新形式出來。

第二是內容方面。固然一方面可以大量移植我們祖國的名篇巨著，輸送不圓滑的今日，不妨求祖國出版業之諒解或受諾，大量的翻印。如最近市內某書局之印行蔣委員長之「中國之命運」以及「三民主義淺說」等等都是很好的工作。另一方面我們應作初步系統的介紹，無論在政治、經濟、教育、文化、產業等等。如「蔣主席略傳」「國民革命軍北伐小史」「五四運動」「一二八上海血戰記」「蘆溝橋事件」「八一三宣言」「中國教育制度」「什麼是法幣」……等等，我們可利用宣傳式的小冊子去印行，使他們能廣大流布於民眾間。我們更進一步的檢討過往日本帝國主義下臺灣各方面，如「臺灣的警察」「臺灣的私刑與思想犯」「臺灣的皇民化運動」……等等，這種工作直接可以使我們臺灣同胞深一層的自我認識，間接可以幫助政府當局作種種施政的參考。最後我們更應協助政府當局去排除那些陳舊腐化的渣滓的伸頭和復活，如那些低級淺薄的流行歌曲小調，助長淫亂惡習的艷情戀愛飛仙劍俠的小說演義。

現在是「夜」與「晝」交替的時代，是需要我們智識人不辭勞苦為我們的新國家，新鄉土重新建設的時代。這是偉大的轉形期，這是「千載一遇」的好機會。我們正不應該放棄了我們最重關頭的責任。

舊的還沒有毀滅，新的剛剛誕生，我們感謝。我們祖國無數的先烈的戰士，我們向著那聯合各國為著正義而幫助我們表示敬意，我們高喊著「抗戰已勝」的口號，我們應進一步的朝著「建國必成」的大目標前進！我們過往可以說幫助我們祖國非常的少，今後的工作應當要加一倍的重！

戰爭已經是完結了，和平之鐘已經響遍了大地，我們臺灣的智識人呵！這是我們的任務開始的時候啦！

（卅四年九月廿八日寫）

我們要三大努力

郭秋生

《前鋒》光復紀念號

一九四五年十月二十五日

離開母國五十年的臺灣，現在復歸母國的懷抱裏了，而這五十年間，在侵略者那種權威的鐵蹄下，蹂躪得幾乎不知有祖國，不知有己身的六百萬同胞，始得從暗黑裏解放，接受著青天白日的光輝，和我們的祖國見面，這種情景，眞是六百萬同胞生涯中最高而最莊嚴的一個印跡。

我們確信世界還有公理，公理斷無永遠屈於武力權力或其他一切，究竟大戰的終局，歸了公理的勝利，因此以光復我祖國的失地陷區，而確立世界永久和平的基礎，爲人類的幸福，確是大可以稱慶的一回事了。

可是公理的勝利，並不是那麼容易換得的，我們勿忘聯合國費了不惜犧牲的協力，和母國抗戰中所受的浩大的流血與慘害，以及各國數多的無辜，其代價是何等的嚴厲而尊貴呢。

我們歸回祖國，我們恢復了自由，那麼從此可以投在母國的懷中，樂得給我履厚處優的了，「這種思想」是人類易犯的弱點，我們總要極力自戒。祖國抗戰八年，舉國皆成戰場，而所受的害毒，與給破壞的國力民力以及民生的源泉，已不是尋常之力得以恢復的了，我們對此的復興，尚須十分的負責，那得以頑童之態掛累祖國於不安呢。

我們當面的急務，至少也著三大的努力。第一是努力做得國民。我們已不能復元五十年前的臺灣，我們是要著歸復現階段的中華民國，然而五十年來，完全和母國隔絕如同別人的我們同胞，到現在，不但是看得見的物質文物，連整個的精神，都攏統沒有事先徹底的更生，不能配稱爲國民了。對此更生的努力，其實也並不是怎麼難爲的工作，只要明白我們五千年來的國史，理解民國三十四年來的革命建國史，以自覺我們民族的偉大，即就可以的。至於國語、文字、生活、文化諸條件、自不必說了。

第二是努力鄉土的復興、戰後的復興這不但是爲將來大建設的基礎，謀民生的安定以增進國力的起見，也不失爲當面緊急的問題。我們的過去，眞是沒有絲毫的力量了，其實誰能許你有力量哩，無論是政治經濟交通產業，那一個部門，都無不在日人之手握中「而多數的臺灣人」不過是他們的一種消化機關或走販而已，然而現在歸回我國，事情大不相同，廣大的職域是只怕你力不足「不怕你力有餘了」我們要盡我們所有的力量，務先復興給戰爭破壞了的生產機構，以恢復鄉土的生色，我們不能再消極而只等待母國的幫助，我們更不能以力不足而想逃避這尊貴的責務了。我們對我們的鄉土，不但復興，還要進一步積極的從事新的建設，愛鄉同時是愛國，偉大的國家，是要著由偉大的鄉土集大成的，我們期待我們的鄉土，做得全國的模範省，然而這模範省的裏面，是要著集積了許多我們的不惜努力才成的。

第三是努力做得四大強國之一的國民，我國以抗戰勝利，列入世界四大強國之一了，而這勝利的原因，不是以外交，也不是以武力，而是以正義與我民族的氣魄取得的。換句話說，就是要我民族的自覺，能結集國民所有的力量於單一國家抗戰到底，而在這抗戰八個年間，我民族所閱歷的國家的訓練，爲現代強國的國民，做現代強國的國家，已是沒有絲毫的遜色了。然而我們臺灣的同胞，也居然算得是四大強國之一的國民，不免問心自愧，做國民尚且不夠資格，怎得以做得強國的國民呢？強國的國民，並不是以武力蠻行算強而是以守禮節知廉恥先國家而後自己以服眾，方才是眞強的，我們大要努力，大要勉勵，斷不能有損國民的體面，尤不能有損四大強國之一的國民的威嚴。

我第四次來臺灣

重慶大公報特派員 李純青

《臺灣新生報》
一九四五年十月二十五日

由重慶到臺灣是那樣近，朝發而夕至，這一新鮮的感覺，使我驚奇。乘飛機掠過臺灣海峽，就像跨過一條水溝，想起二十幾年前初次渡臺時，波濤險惡瀾海無邊，時代的確是進步了。我以前三次到臺灣所看見的日本人，和現在所看見的日本人，情形正好相反，這證明著人世無常。時代向前走，一切都變了。理解這個變及對變所發生的感想，對我實在是太沉重的負擔。

臺灣曾消耗我那憨痴的兒時，我曾厭惡這冷酷的環境，掙扎著逃出黑暗。臺灣曾給我哺養的乳水，給我溫暖的情愛。也曾使我長夜哭泣，終生抱恨。沒有人會相信，我離別我的父親十年，在我到臺北那天早上他去世，黃昏時分我回家。我不知道父親可憐的遺體，是待我來送葬呢，還是以死拒見來責備我的不孝？我在臺北印下足跡，滴下眼淚，一切如夢。

因對臺灣的悲喜太多，關係太深，故敢以紛亂的心緒，握枯禿的筆管，寫如此三點希望：

（一）臺灣地方是可愛的美麗的，臺灣同胞是熱情的、愛國的，受日本統治五十年，而能保存民族意識，民族氣節，實在難能可貴。臺灣同胞不但感情內向，對祖國沒有離心，並且有高深智識，專門技術像杜聰明博士在世界藥學上的地位，可謂中國的國寶。我希望由國內來臺的官員認識並重用臺灣人才。這批人才是中國□國至可寶貴的生力軍。對臺灣民眾的熱情，千萬不可打擊。就是說。千萬不可叫他們失望。當然我相信國內來的人都是優秀份子，都曉得愛惜國家名譽，壞事是不會做的，但是應該注意假定雜有害群之馬，當鳴鼓而攻之，絕對不能姑息與寬貸，這纔對得起臺灣人民。須知被棄五十年的兄弟，今日回家，喜慶骨肉團圓，那心腸是脆弱而容易受傷的。

（二）臺灣已經是中國一個行省，歸宗後須多多認識祖國。像一個遊子久離家鄉，鄉情不熟悉了，應該到處走走、問問、記記、我可以告訴臺胞，在中國中，你這位兄弟是很傑出的，好像往外國留學五十年那樣，智識程度提高了。只要不太洋裏洋氣，你們是有爲的，前途無量的，我希望臺胞對祖國兄弟要體貼、原諒。回家不可存依賴家庭心理，要協助家庭創立大業。祖國經受八年悽慘的戰爭，犧牲重大，殘破不堪，你們不應該有苛刻的批評，抱過奢的希望。「國家興亡，匹夫有責」如發見對祖國有不滿意的地方，那地方就正需要你們去負責，努力臺胞自己，此時最要大家團結，組織起來。在日本分化政策下所產生的嫌猜，宜一概捐棄。要有大國民的風度，廣大的胸襟。我想最要緊的是不可讓目光僅注視臺灣，要普照全國。當然，臺灣是不應該弄糟的，如有不肖之徒，出來乘機打劫，破壞治安，或與日本的呆人合作，盜賣物資，希圖暴利，或聚眾賭博，吸食鴉片等，這些行爲皆有損臺灣人的令譽，且將被日本統治者所恥笑，愛國同胞是萬萬不該做的。

（三）我想對在臺的日本人說幾句話。國家有無永久的敵人，是一個疑問，根據日本過去及現在的宣傳，口口聲聲都希望中日親善，並已坦白承認對中國戰□錯誤。果這種宣傳言之由衷，是誠意的，此時正是一個證實的機會。此時萬目睽睽凝視著在臺日本人的行動，行動好壞，無所不知，假定日本眞的要求中日親善，誠實悔禍自新，此時就不能再種植或延長錯誤了。我無意說過去日本的中國政策，每個日本人皆要負□責任，但我以為現在每個日本人，對國運皆有自求多福的權利及義務。一個日本人做錯了事，那筆賬記在他個人身上，也記在日本國家身上。在臺日本人有一不忠實履行條約，為個人或為團體從事於不法行為，我想這樣的喪失信義，對日本並不有益，說不定還會加添日本痛苦的負擔。人類的本能，並不願意看見一個民族永久的墮落。一個國家合理的強盛，並不建築在別個國家的衰弱之上。造物是慈悲的，他會使萬邦各得其所。

拉雜談來，語無倫次，但我是以潔白的良心，嚴肅的善意，說眞實想說的話的，我希望聽到讀者的迴聲，給我指正！

光復後的新臺灣

謝南光（在重慶）

《民報》一九四六年一月三十一日、二月一日

謝南光氏即前臺灣民眾黨領袖謝春木氏。本稿係發表於內地報紙上者，茲轉登於此，以供讀者參考。

一

臺灣回來了，現在還有許多同胞早已忘掉了這塊老失地，提起臺灣來都還有點生疏，甲午戰爭以來，離開了祖國的懷抱已經五十一年，短命的人早就看不到今天的光復，抱恨歸天了。在這五十一年間，臺胞受了不少的痛苦，流了不少的血汗，當馬關條約簽字的時候臺胞曾力爭割地求和的不當，曾經向李鴻章建議，願負指賠款以免割臺，結果無效。當然臺胞痛恨倭寇的苛求，立刻組織「臺灣民主國」，以武力抗拒接收，原來可以不必獨立亦可抗戰，因爲滿清昏庸，又怕倭寇再進攻京師，所以——唐景崧等在臺官民體諒祖國的困難，終於決定獨立國姿態來決行抗戰。在另一方面滿清的的專制政治早

□革命青年所排擊的目標，既要獨立，就要建立一個合乎理想的國家，於此，「民主」與「共和」變爲新政府的口號，國名亦稱「臺灣民主國」，這是東方第一個的民主共和國。

我們祖宗的理想，在兩年後激動了菲律賓的獨立宣言，菲律賓人也爲民主共和的理想而厥起了。抗戰失敗後，臺灣的革命先進回到祖國來參加策動「滅滿興漢」的運動，十七年後由總理領導辛亥革命成功了。五十一年前，臺灣果是東方民主革命的策源地，五十一年後，民主陣線戰勝了軸心的帝國主義陣線，倭寇投降，臺灣也回到祖國的懷抱來了。臺灣從此可以脫離帝國主義的暴政，從此可以享受三民主義新政的恩惠，這使臺胞興奮，這使臺胞充滿著光明的希望。

二

臺灣光復後，臺胞對祖國的希望極其單純，即是不折不控地實行三民主義，剷除一切帝國主義的殘滓，一切的壓迫剝削與凌辱都要洗刷乾淨，如果我們在消極方面不能「除暴安良」，那末，我們就不容易收復民心，我們收復失地的工作就喪失了大半的意義，最近有人談到「在臺日僑的去留問題」，對於這點臺胞也特別關心。也特別要求祖國決定明確的政策，在祖國的倭軍及日僑，早已決定一律送還日本，各地都把它們集中起來了，日本人中也有許多人志願留居中國，取得中國藉變爲中國人。關於日僑的去留問題，原則上早已決定一律送回，但是少數技術者可以例外，日人方面也認爲應該送回，無論如何先回去日本反省一個時期，將既往的罪惡洗刷乾淨再說，尤其是所謂「支那浪人」要一律回國，善良純的日人將來要來再來，這是極其正當的處置。

在臺灣方面，一般情形還是這很模糊而混亂，不但技術者留用，大部分的行政官還在統治著臺灣，日警還在執行著它的職務，形成兩重統治局面，雙料的政治使臺胞頭腦都發暈了。我們知道，祖國帶進去的官員不夠，不得不暫時借用日官，這是一種說法，也是一部分的理由，但是這絕不能使臺胞首肯其爲正當的理由，臺灣有五萬以上的大學畢業生和專科以上各學校畢業的學生，只要政府信賴臺胞愛護臺胞，用臺胞來代替日人的地位，隨時可以解除日人的地位，問題立刻可以解決，無論如何。臺胞總是自家人，非萬不得已的時候，不要隨便依賴外人，尤其利用外人來欺負自家人，道理上也說不過去，民族主義思想也會因此而陷入混亂，我們應該警戒這種混亂，假使在南京再用日本憲兵或警察來管我們，大家不知道將作何感想，同時不知道會出了多少亂子，我們接收臺灣，絕對不要埋伏未來產生可怕的亂源。

就剷除剝削政策而言，倭寇在臺灣所實施的政策盡是以臺胞爲剝削的對象，一切產業非官營便是日閥的，臺胞只是牛馬，只是剝削的對象，我們到臺灣，首先要由日人的剝削政策來解放臺胞，不必要的官營事業應該讓人民去經營，日閥的產業也應該解放出來讓人民去經營，保護人民的生活，不要與民爭利，不要爲少數人的利益，冒充國策來維持不正當的經濟政策，造成臺胞埋怨祖國，這是值得我們戒心的，現在倭寇的惡跡尚未洗刷乾淨人民尚未得到祖國恩愛的時候，日人所不敢實行的害民的措施，應該極力避免，舉一例言，臺灣省貿易公司的計劃，早在中央設計局被有關機關一致反對，取消原議，但是，長官公署最近已經不顧一切舊事重提而把它實現了，並且貿易公司所採取的各種措施，都是人民可以做的，現在臺灣政府應做的事情太多，何必集其精力來與民爭利，我認爲這種措施不智的，光復後的臺灣，政府應該做的事情實在太多，此時，可能造成糾紛的設施，應該避免，我們認爲替少數人造機會到不如為大家多謀一點福利，為國家少造孽債，尤其是新回來的同胞們與祖國之間極容易發生隔膜，為政者應該為民族團結的前途著想，不要受政商玩弄。

右述兩點僅舉其消極方面的除害而言，還談不上積極措施，建設三民主義新臺灣纔是我們黨員對臺灣應有的抱負，怎樣建設三民主義的新臺灣，這應該是我們的中心任務。

三

先說民族主義，即是對外求獨立，對內求平等，聯合世界上以平等待我之民族共同奮鬥，扶助弱少民族的獨立解放，這是我們的理想，我們中華民國在這次的勝利中已經得到獨立，臺灣也得到機會回到祖國的懷抱來了，對內求平等，當然更沒有問題，自吳鳳殺身成仁以後，漢蕃間的衝突已經很少，根本蕃族的人口就不多，始終能和平相處，近五十年來欺負生蕃的是日本人，並不是漢人，漢蕃相處甚好，將來自然不成問題，至於臺灣的日本人，在法律上將來允許它們留居臺灣的日僑，只要日僑不存心搗亂，當然也可以和平相處，也是不成問題，寬恕是我們的民族道德，我們絕對不會模倣日本人對待我們的方法來對待它們，漢民族的偉大就在這裏，在臺灣關於民族主義的實行方面我們應該注意的有兩件事，第一是漢民族本身的團結□□□臺灣要打成一片，不要存著彼此歧視的心理，不要為後代子孫造出種種罪惡，不要讓臺灣變為貪官污吏的樂園，讓它們將其罪惡轉嫁於臺胞身上，少數人的不謹慎，很容易造成種種不幸的事件，第二是利用臺灣做基地來扶助各地弱少民族的解放，既往臺灣是日本侵略南洋的戰略基地，將來是民族解放基地，這是我們應有的積極的任務，由民族主義來看，臺灣也是絕好的試驗場。

四

說到民權主義的實行，臺灣的條件更加優越，民主主義要求的提出，在歷史上臺灣最早，不過其間中斷了十幾年而已，在臺灣，地方自治制度的實施已經有廿四年的歷史，實施民選制度也有十多年，總理手定的建國大綱裏面所規定的各種條件，臺灣都做到了。

現在臺灣可以與祖國同時實施憲政，一切條件都已經具備，教育普及的程度也已經達到相當高度，六百萬人口中，受過專科及大學教育以上的有五萬人。中等教育以上的卅萬人，小學教育也達到學齡兒童的百分之九十七，文盲早已撲滅了。

現在還有人反對臺灣與祖國同時實施憲政，它們所持的理由是奴化教育的毒害太深，不經過一番消毒不行，其次就是國語教育還沒有普遍實施，它們拿它來做反對實施憲政的理由，拒絕與祖國同時實施憲政，老實說，這些問題都不能成爲理由，先說奴化教育嗎？奴化教育的目的在於使臺胞忠實於日本，認賊作父，如果，臺胞多數都不認賊作父，都不親日，所謂奴化教育也就完了。我們要請祖國舉行一次投票，試試臺胞有幾個人是親日份子，一切就可以瞭然，祖國人士試到鄉間去看看，那幾個人在親日，這是最簡單的裁判，現在臺胞在嚷著趕走日本人，誰在想留用日人，到臺灣一看，甚麼都可以明瞭，今日應該消毒誰，就是親日官員與臺奸。我們要想一想，毛病究竟在那裏，實施憲政的條件不在乎表面上的日本化教育，而在於人民是否對國家忠貞，對國家忠貞纔有權要求實施憲政這是應該的，所以我們希望來一次「誰是親日」的測驗，處處君子，處處小人，到處都有流氓，我們絕對不能拿少數流氓的行動來拒絕國民應有的權利，至於國語的普遍推行，那是全國的普遍的需要，當然不是臺灣特有的現象，我們要統治收復後的臺灣，最要緊的是不使臺胞失望，不要讓臺胞嘆息，「樣樣不如敵人」，我們的一切設施，就算完事，所以日本帝國主義已經給與臺胞的民權，我們絕對不要想把它收回，應該把它發揚光大起來，空虛的自治制度應該把它充實起來，實施憲政的基礎要迅速建立起來，祖國甚麼時候實施憲政，我們也可以同時實施，如此纔不使臺胞失望，一旦使臺胞失望就是政治的破局，我們要防止破局的來臨。

五

最後說到民生主義，節制資本與平均地權的兩大政策，臺灣也是最好的實驗場，大資本大企業都在政府及日閥手裏，一旦接收過來，我們要如何節制，就如何節制，毫無問題，最要緊的是不要帶一大批政商進去，取代日閥來魚肉臺胞，張三換李四，剝削政策依然橫行無阻甚至變本加厲，那就不得了，放棄私心，爲三民主義的信徒，實行節制資本的政策，臺灣是絕好的試驗場。

平均地權的先決條件是地籍問題，地籍不清楚，平均地權的政策也就無從實施，臺灣的土地調查早已完成，地籍的完備算是東方第一，大地主又是日閥佔大多數，一旦把它接收過來我們要怎麼平均地權，隨時可以實行。是否實行，要在政治家的決心只要是總理的忠實信徒，立刻可以實行，假使臺灣不能實行三民主義，那末，中華民國的前途就更暗淡了。

我們知道，接收臺灣復興臺灣，前途困難甚多，克服困難的要訣在於愛護臺胞，信賴臺胞，事事與臺胞合作，一切困難都可以迎刃而解，欲使臺灣統治成功，並不需要特種技巧，只要有誠意，忠實於主義，不要使政治商業□，建設三民主義的新臺灣絕對不困難，臺胞也願意盡一切犧牲來協助政府，報答祖國官民收復臺灣的苦心和奮鬥，統治臺灣剛剛開始，「教婦新來」，好壞在今日，願大家共同努力來建設新臺灣。

重建政教芻議

王金帶

《民報》一九四六年一月十四日

序言

劫火終熄，和平來臨經過八年抗戰、爭得最後勝利、收回失地、重見光明、普天同慶、而五十年來淪陷受虐之臺灣、已重歸祖國懷抱，六百萬臺胞殷殷期望骨肉重溫，竟實現于一旦，歲月蹉跎，時光如駛然而好容易度過半世紀樊籠生活，現已獲得解放，傲翔于青天白日之下，何等逍遙，何等愉快，正是回去老鄉過年，十足興奮，可是回家算是回家了，想到唐詩：「少小離家老大回，鄉音無改鬢毛催」「與誰爭歲月贏得贅如糸」等警惕詞句，不無感慨繫之如果回家已經成為喪志頹唐浪子，老家多一個贅疣似的，然則勝利至于光復，亦屬枉然，這些問題，亟待人民領袖，領袖人民，高瞻遠矚地縝密籌劃，重新建設錦繡河山，奠定永久和平樂土。

實施民主自治

中國政治現階段，由訓政踏進憲政之過渡時期，現在統一政府，將告成立，國內軍事及政治相尅狀態將近消除，民族革命三民主義步伐逐漸整齊一致，業將踏上軌道，臺灣同胞，經過五十年掙脫壓制，荊棘之路，備嘗苦楚，已有涵蓄相當政治思想及經驗，十數年來，日本已允許僞裝自治，如果善爲運用，予以眞正自治，萬機決於公論，伸張民權，使六百萬同胞朝氣蓬勃，儘量發揮其能力，釐革前時秕政，建設民權政治，尤須確立中國的臺灣，俾與祖國一衣帶水痛癢相關，相衣爲命，使脫却帝國主義鐵蹄下之臺灣，同時成爲擺脫鷹犬政治桎梏下之臺灣。

記取前時日本之統治臺灣方式，夙以無方針爲方針，而攫取物質精神之奴化政策，則終始一貫，六三問題，即特別法律第六十三條之臺灣特殊統治諸律，始終未曾解決，朝三暮四，短笛無腔信口吹，掩耳盜鈴，惡政獄猛於虎，傳聞前時曾有本土眾該院代議士考察團，來臺遊覽考察，眼看沃野連雲驀然建議移民政策，據將原住民驅逐於南洋，俾本土坐收一切產業，消息透露，民眾哄堂，其實無需這種建議，搾取政策，早在佔領時，已按步就班循序施行，暗取明取騙取強取，取之無禁，誰得過問，一切產業，殆爲政府專營，而政府組織，均以本土人員郎黨一家，官吏之天國，人民之地獄，較諸驅諸事海隅，奪其產業人民所受痛苦，更加水深火烈，且強權之下，惟有飲淚含冤，無從投訴，敢怒而不敢言，輓近國際情形演變，民權運動勃興，或有離叛之虞，自不得不釜底抽薪，實施據裝自治，名爲暢達民意，伸張民權實則加繁勞役賦課，剝削民膏民脂，七七事變爆發，歛罔政策，變本加厲，餌以中央參政權籠絡尤力，直至太平洋情勢日非，大事已去，風雲際會，三個貴族院議員頭銜，寔爲空前之加冠晉爵，可憐有爲青壯，效忠作戰，被驅疆場，骨肉相殘，無辜老少轉于溝壑，流離失所，慘無可言狀，罔民之甚一至于此，前事後事之師，不可不鑑。

確立文教指針

蓋聞教養生長，政之大端，民族消長，國家盛衰，關係嚴重，觀夫日本明治維新，注重國民教育，以強迫教育為國民三大義務之首，開國進取，廣求知識於世界，國民朝氣蓬勃，遂實現廢除不平等條約，爭得自主權，經甲午及日俄兩役，達成民族解放爾來數十年間，旭日蒸蒸之勢，洵不可禦侮，角逐國際舞臺，雄視亞洲，究其原因，益能變法自強，教育使然也，他山之石，可以攻我至。

夫臺灣文化，經三百年歷史過程，曚昧時代，可不必提，自得鄭氏（明末）據臺以來，志在興漢倒滿，闢□拓荊，政教紛紜，巍巍乎其有成功，甲午改隸日本，佔領伊始，逐將日本文化，生吞活剝，扶殖而束，直至十數年前，輒以同化主義號召，實施強迫教育，涵養本土風尚，培植封建困習，與殖民奴化政策，表裏相襯，排除中國文化，攫取民族精神，且臺灣孤懸東海，要道以聲色化民，今已光復，自應循循善誘，竭力于精神復興，俾一旦覺悟，翻然轉回，與四萬五千萬同胞，同舟共濟，偕世界潮流，亦步亦趨，回顧過去臺灣文化，已被時代遺棄，形成窒息狀態，武陵桃源，無人問津，惟有仰上國糟粕，相去日本土文化，尚以世紀論、中國文化、西洋文化、何從吸收，從今而後，必須從剷除殖民毒素染手，繼之移植祖國文化，輸入歐美科學，參驗於固有地理歷史之特殊性，推陳出新，建設臺灣獨特文化，不能再墨守附庸地位，模倣於人，邯戰學步，又須自己下大功夫，埋頭苦幹，倘能將臺灣所產生文獻及各秧研究資料發之於灰燼之中，精益求精，其寄與世界文運，貢獻祖國復興，吾信其可刮目以俟之。

假如徒將日本文化遂出境外，日本風尚付諸東流，以為能事已畢，則未免太消極，然則推陳出新，將如何做到在世界文化演進過程中，中國與日本文化水準，均在過渡時期，臺灣文化從前比較日本文化，其相去不啻以道里計，苟非樹立高遠理想，繼以人一己千之努力，不能達也。

一個誤會

《民報》「時評」

一九四五年十二月二十五日

臺灣光復了後，許多的省外的同胞，到臺服務（遵陳長官的話，不說「做官」）對此不遠千里而來的勞苦，本省人是敬意的。

他們對於被日本帝國主義統治了五十多年的臺灣的人們所受的壓迫和痛苦深表同情，尤其是對於受了日人的企圖思想壓迫，企圖湮滅歷史的事，表示分憂和體恤，這也是本省人所感激的。不過要注意的，就是日本帝國主義的「企圖」是一件事，臺灣的實際卻又是另一件事。某一種的「企圖」，未必就意味它的實現，這回世界大戰，德日法西斯國家，未始不企圖征服全世界，可是所結果的現實，恰正相反。

日人統治臺灣，企圖思想壓迫，在事實上，有相當的成功，可是「石壓筍斜出」，終於是壓不住全臺灣人的思想，這試回顧我們臺灣的啓蒙運動，新文化運動的熱烈歷史，就可以了解的，不知道這實際，而只表面上看到日本的壓迫的企圖，就結論，臺灣幾乎對於中國和世界的思潮隔絕，臺灣已沒有思想，學術的演進，那是一個的誤會。湮滅歷史的企圖，也是一樣雖有相當的成功，可是終於不能夠消滅我們臺灣人的旺盛的民族意識，這是在光復了後，到處的事實所證明的，而也是大部分的新來的省外同胞所共認的。假使在只前看日人的企圖一面，就結論，臺灣人已完全不知道祖國，已沒有大中華民族的意識，那豈不是一大誤會？

我們指摘以上的實際，當然不是想要以自豪自大或是自限的。世事是何等複雜，眞理是何等深遠，我們盡了最善的努力還恐不能成就萬一。不過我們指摘以上的實際，是想要對於一部分的新來的外省的同胞，不明白「實際」，只立在「誤會」之上，排起「指導者」的架子，用從我們看來，已沒有甚麼希罕的「東西」得意地想要來教訓我們的諸位，喚起了些少的反省而已，「遼東之豕」，古已有例矣。

對來臺工作人員的希望

《新生報》社論
一九四六年二月十三日

光復後的臺灣，最重要的工作，就是要使得五十年來日本化的一切。逐漸中國化。臺省人士對於祖國的法規制度既不甚明瞭，對於祖國的語言文字亦尚待學習，在此過渡時期內，政府自不能不從內地物色多數幹部來臺工作。而這些幹部品質的優劣，不單關係今後臺省政治的良窳，也可以影響到臺胞對於祖國的向背。我們除希望省訓練團加速本省幹部的訓練工作外，同時還希望政府以後向內地羅致人員，要經過慎重的考慮和嚴格的選擇。

臺灣受了日本帝國主義五十一年的壓搾，加以戰爭期間的特殊搜括，眞可以說是民窮財盡，凋弊到了極點。到這邊來的人員，一定要能夠刻苦耐勞，有事業心，人人都和陳長官一樣抱著來和臺灣同胞謀福利而不是來做官的志願才行。而合乎這樣條件的，大致以有朝氣的青年為多。年齡較大的人，個人的利害打算亦較重，遠來海外是不很適宜的。所以我們用人對於年齡方面不能不注意。

在過去八年的抗戰期間，我國有志氣，有能力的人，差不多都從各淪陷地區移到了自由的內地。我們固然不敢說淪陷區已沒有人才，但留下來的究竟是一些閱歷較深，顧慮較多的人，而這類人是大抵不足以應付新的局面的。況且收復不久的淪陷區，還有許多過去靦顏事仇的漢奸，現在本地站不住，正想找個陌生的地方避避風頭，如果我們稍不留心，把這種民族的敗類找來臺灣就糟了。所以我們對於來臺人員過去工作的地方不能不注意。

學歷更不足以代表人才，然而要使得來到臺灣的工作人員程度不致參差太甚，學歷還是最好的準則。尤其是因爲臺灣過去教育比較內地發達，受過大學專門教育的人也較多，如果從內地來的人員，沒有相當的專門學識，單憑國文比較通順，國語比較流暢，便取得比較優越的地位，是不能使得一班臺灣人士心服的。而一個人要具備相當的專門學識，大學教育似不能少。所以我們對於來臺工作人員的學歷不能不注意。

以上是對於有權選用幹部的政府當局的希望。另外，我們對于已經來到臺灣，和正在陸續到來的內地人士，也要貢獻幾點誠摯的意見：

首先是生活要嚴肅。我們在社會上做事，要得到別人的信仰，生活一定要嚴肅。臺灣咖啡店，跳舞場甚至酒樓菜館，到處都富於異性的誘惑，如果流連忘返，不單是傷身耗財，還要受到有識之士的輕視，對於事業發生不良的影響。並且此後民生困苦，現在臺灣，和全中國乃至全世界都在鬧著饑荒，我們想到「先天下之憂而憂，後天下之樂而樂」的古訓，亦何心徵逐酒色，去過腐爛的生活呢？

其次是態度要謙和。臺灣同胞過去被日本人統治多年，嘗盡亡省的痛苦，但仍心戀祖國，時圖恢復，這一點特別值得我們同情，欽敬。凡是從內地來的人員，對於臺灣同胞態度一定要非常謙和，不能有一點傲慢的表現。我們要時時記住我們是來爲臺灣服務，並不是來統治，這樣臺灣同胞自會把祖國來的人員和過去日本殖民時代的官吏作一番鮮明的對照，而覺得祖國的溫厚可親，因此加深我們的同胞愛。

末了是工作要負責。建國的工作原比抗戰還要艱難百倍，加上臺灣是一個淪陷最久的地方，現在接收過來，一切都要改紘更張，因此臺灣行政人員的工作比任何其他地方都要繁忙，責任也比任何其他地方都要重大。如果不人人站在自己的崗位，負責快幹，實幹，結果時間飛逝，一事無成，徒然使得臺灣人民感到祖國來的人員工作效率不及日本的官吏，這樣不單誤己，誤人，而且還要誤國，眞是再大沒有的罪過！

總之，臺灣是一片新收復的土地，政府固然要行新政，用新人，美來到臺灣的幹部人員□要人人以「新人」自任，革除內地一切不良習慣，竭迭智能爲臺灣同胞圖謀福利，發揚中華民族的同胞愛，增進臺灣人民的向心力，這樣才對得起自己，也才對得起國家民族！

請愛護臺灣這片乾淨土

《人民導報》
一九四六年二月二十四日
轉載自上海《大公報》

直到現在，臺灣比較還是一片乾淨土。

我們應該珍貴它，愛護它。說來慚愧，這片乾淨土之所以爲乾淨土，還是日本五十年統治的遺產。中國是有好人的。臺灣接收經年，能保持有今日景況，就因爲其中還有好人。

臺灣人民智識高，習慣好。知道愛國，也知道與貪污有爭。人人有生活技能，又不求奢侈享受。這樣純樸而有朝氣的善良國民，正是中國民族的新血液與新希望。

我們應該珍貴與愛護臺灣人民的純眞潔白。一切老大與污穢的毛病，不要傳染過去。

日本投降以來，臺灣的接收及治理，比較其他各地還差強人意。一年餘的復興工作，不無成效。由內地大陸到臺灣去的人，都會感到清新，恬靜而舒適，但這不是說，那裏是樂土，尤其不能說沒有問題。問題埋藏在人心的深處，浮游在街談巷議，因爲現實生活迫令他們有些悵惘，雖然，我們不能說臺灣要依賴祖國大陸。就物資往來論，祖國大陸是佔了臺灣的便宜的。多少糖由那裡運出來，多少煤，多少香蕉波羅蜜，由那裏運出來。臺灣大工廠以千計，工業規模在全國各省首屆一指。（現在東北也不成了。）可以說，這是接收最完整最有用的一部分。可以說，這是中國建國的一筆大資本。也可以說，這就是臺灣對祖國的巨大貢獻了。

我們應該對這個貢獻，認識其價值，給予相當的估價。爲愛護臺灣，亦爲愛護中國，不可不具有遠大眼光。

要爲國家保持臺灣這一筆大資本，最要緊的是不要把臺灣的力量投入內戰。徵兵徵糧是苛政，臺灣師管區成立，臺胞已在前線參加內戰。我們不在一個政府統治下，臺胞應有不同的權利義務。實際情形是：他們不曉什麼叫內戰。假使對外打仗，臺灣可出數十萬精兵。對內打仗實際沒有敵之心。這種徵兵不但是浪費生命，糟蹋人才，而且將導出擾亂，投下不安。本是一池平靜的春水，這一激，很難說沒有浪波，再如徵實臺灣糧食因缺乏肥料，收穫曾減到不及三分之一，人民看見搬出了糧食，心中就會感到傷痛，就政府說，這也是剜肉補瘡的辦法，因爲它已離開了有無相濟的經濟原則。

其次，不要把臺灣人的腦子投入黨爭，黨務活動，在臺灣如法泡製，一進去就宣傳黨爭，弄得臺灣人民莫明其妙，思想巡邏網也在張開，一個報紙登一條新聞，可以受警告，被威脅，馴至吃官司，這樣就把思想問題製造出來了。最悲哀的是：臺灣人的腦子根本就「你黨我不得」，（黨懂臺灣語同音）就思想問題來說，臺胞由一個不自由，跳到另一個不自由，實在太可憐了，在日本統治時代，還是「不准你想，但教你做」，現在「做」字也教不來，豈不監尬？若不開個窓通點空氣，總是不好的。

我們希望政府愛護臺灣這片乾淨土，不要去激起波浪，不要把內地大陸的亂源引導過去。

起用臺灣人材應有的認識

——帝國主義支配下五十年來的政治淘汰

王溪森

《政經報》二—一

一九四六年一月十日

臺灣光復了！我們從橫暴的帝國主義支配下五十多年的桎梏解放出來了！六百萬的臺灣省民的心裏都充滿著歷史的歡喜的感激！而從這感激爆發出來的就是大家都看慣了的全省各地很普遍的熱烈的歡迎，和歡聲——各處的歡迎門，歡迎標語，爆竹聲音就是這種感激的具體的表現。而在這種感激的裏面，我們可以分析出臺灣民眾心理的兩個部分來：一個是對於過去五十年來蹂躪我們的帝國主義懷著無限的咀咒和痛恨，另一個是對於將來無條件地抱著無限的希望！第一個的心理可以說是屬於破壞的：從這一種心理爆發出來的就是各地方的民眾不約而同的，自然發生的行動起來的對於過去被欺凌侮辱的敵人——日本官狗作一種報復的直接行動。第二個的心理可以說是屬於建設的了：對於前進指揮所，長官公署，記者團等直接或間接地提出了許多的意見，或者在各地像雨後的春筍一樣地相繼而起的成立了許多的團體和報紙雜誌的出版，這可以說就是這一種建設的心理的表現了。

在這一種歷史的歡喜的感激很熱烈高漲的當中，我們的陳長官就在六百萬臺胞一齊渴望而歡呼的聲裏蒞臺主政，發表了施政方針——澈底實現三民主義，廢除日帝國主義下的各種惡法及苛捐雜稅，中等以上學校畢業者的登記以至最近的地方行政幹部訓練團的招考等等，這些都是臺胞們的心理渴望著的目標。而現在這種目標就已經現實化——或將要現實化地接近著我們的希望來了！這是何等的幸福的一個歷史的事實啊！我在這種幸福感充滿著的當中，不得不肅然擱筆整襟起立而以滿腔的熱誠，對著我們的偉大的國父和蔣委員長，及一千多萬的革命烈士和國軍將士表示最大的敬禮。

三民主義新臺灣的建設可以說已經在蔣委員長的領導下，在陳長官的施政方針的發表和臺灣民眾的心理結合起來，開始了歷史的偉大的胎動了！偉大的建設現在正在要開始出發了！但是這樣偉大的歷史的建設事業絕對不是一二個領導者就能夠做得來的，無論怎樣好的指導原理，各方面的機構佈置得怎樣完善，可是倘或缺少了適當的人材來配置——或者配置不得當的時候，那麼一切的機構就不能夠發揮它的機能而不能為用了！因此人材的問題可以說就是建設的基本問題——三民主義新臺灣的建設的進行速度如何，建設途上的成敗如何，可以說正與起用人材的方策如何，獲得人材的成敗如何，成一個正比例。

幸而臺灣的人材可以說是濟濟多士為數不少，只要能夠好好的開發出來，不但新臺灣的建設夠用，恐怕還可以輸出一部分的人材到內地去幫忙吧！

可是，現在我要進入本文的本題了。我要很坦白地老老實實地指出一個臺灣史上不幸的事實出來。就是臺灣同胞在過去五十一年的帝國主義支配下所受過的人為淘汰的事實！

帝國主義在過去五十一年的長久的期間中，為著要滿足它的對於殖民地的需要——經濟搾取它就將它的所有的軍事上，政治上，經濟上，文化上，教育上，宗教上等各方面的力量綜合的傾注來施行它的殖民地政策。起初就是以剿匪的美名而恣意屠殺我們的革命先烈以及無辜的男女老幼，遭它的行兇的正不知其數，繼而以政治力的彈壓把無數的我們的優秀的革命先烈和鬥士逮捕下獄，加之以種種的嚴酷的法令的束縛，每一個英雄都無用武之地！再進一步，就在經濟上，更加以種種壓迫，使每個人為著要維持自己的生活，就不得不去向它搖尾乞憐地順從它了！而且在文化上，教育上，又很強烈地施行它的一流的蒙撇政策，欺騙政策，愚民政策，奴隸化政策，同化政策，皇民化政策，在宗教上，又禁止宗拜自己民族系統的神明，而強制人家去奉祠他們的祖先——天照大神和屠殺我們革命先烈的劊子手——北白川宮！

在這種情形之下不知道有幾千幾萬的革命烈士在革命戰場上戰死，在絞首臺上被絞死，在監獄裏被禁死，或在經濟戰場上窮死，在文化戰線上氣死，悶死……!!

在這一種政治環境支配之下，久而久之臺灣的民族精神就免不了要被淘汰磨滅了！富有民族精神的優秀份子既一番又一番地先後遭受屠殺，刑罰，虐待，殘留下來的一般的比較沒有民族精神的普通的民眾又受了它——帝國主義的欺騙，蒙撇，而最下層的不肖分子——漢奸就被它利用來做它的工具——警察，御用紳士等等，這樣倒行虐施的結果就形成了臺灣民族戰線上最可痛的不幸的事實來了！

就是說人類也是一種生物，生物最大的本能是生存慾，這樣求生存的慾望是衝動的盲目的，而是絕對的強烈的。達爾文的生物進化論告訴我們生物進化上的許多不可轉移的原則：他說：生物為著要求生存，就要生存競爭，而競爭的結果是「弱肉強食」「優勝劣敗」「適者生存」。有許多的動物為著要適應某種環境——逃避他的敵的眼睛就需要一種保護色來保護他。過去半世紀的臺灣民族史也可以適用這生物學上的原則來分析的——雖然這種分析在我們精神上是感覺到很不快，痛苦，恥辱，但是光復後的臺灣最需要的，是精神的光復，而精神的光復，是需要我們臺胞應有一番的赤裸的，坦白的誠懇地反省的。有這種對於過去的切實的檢討和反省，然後才能夠很勇敢的舉起手術刀來，趕早將過去半世紀間在日帝國主義的苛烈的政治淘汰下被培養出來的奴隸根性切除淨盡！

臺灣人可以說在過去半世紀的長久的期間，是受過日帝國主義的苛烈的政治淘汰的啊！臺灣人在日本帝國主義恐怖政治下爲著要保持生物上的生存，這種可憐的盲目的慾望的衝動就逐漸地不知不覺地開始適應環境了！而這種生物學上的適應作用正是臺灣民族精神墮落的動機，奴隸化根性的由來也就基於此。過去的臺灣人爲著適應環境是需要精神上的保護色——假面具，而這種保護色最初不過是一種假面具而已，但是到後來帝國主義的淘汰的力量加強而生存競爭更呈苛烈的結果，久而久之，這種保護色便和心臟部輸送出來的血脈相通而成爲一種惡劣的卑鄙的奴隸根性了！而這種根性也就是在過去帝國主義支配下的臺灣人的謀生的最不可缺的工具！過去半世紀的臺灣社會上的生存競爭的結果，如果站在生物學上說，的確是「優勝劣敗」「適者生存」和達爾文的進化論的原則是一致的。可是，如果站在民族戰線上來看，那就是「劣勝優敗」「賢者吃虧」「愚劣者有福」了！

我記得一位亡國的波蘭詩人做的一首哀歌裏，有一節對著他的小孩子說「你這副聰明的眼睛和崢嶸的頭角，恐怕要招出將來的壞運氣和一生的痛苦，而永爲你一生的幸福的阻礙吧！」這位亡國詩人的哀歌可以說是道破了淪陷半世紀的臺灣的眞相啊！

日本帝國主義支配下的臺灣行政機關與及各種學校的選擇人士的考核，首先最重視的就是皇民化的條件，所以在過去臺灣的政治上，經濟上，文化上，比較占優勢的地位的所謂上流紳士們，無不是經帝國主義的考核合格，或者經它的特務機關的調查合格了的所謂人格者——御用紳士！

因此，偉大的百折不磨的民族精神的正統是保留在中流以下的民眾裏面的，（這種現象正與我們的國父在民族主義第三講裏所指出的事實一致的）所以臺灣光復後的人材起用問題既是如上面所論將要決定臺灣建設的成敗問題，那麼就應該要有很審慎的態度來決定完整的辦法，從民眾裏面來開發大批的眞正的優秀人材，而不可以誤認在過去占著社會上優越的地位的就是臺灣唯一的人材，而把建設的重大任務就隨隨便便地交給這一類的人物——或者從這一類的人物介紹出來的人物。我們相信三民主義是革命的主義，在三民主義領導下的國民政府也是革命的政府，這種主義和政府與日本帝國主義政府的指導精神是根本不相容的；因此對於臺灣的政務機關的接收就不是由帝國主義的政府移交另一個帝國主義政府的接收，而應該是由帝國主義政府移交革命政府的革命的接收；所以接收的與被接收的人物思想應該是要截然不同的啊！

我相信六百萬的臺胞，每個人現在都陶醉在偉大的歷史的歡喜的感激當中，每個人都咀咒著過去的罪惡而對於將來抱著無限的希望。每個人毫無疑義的都是中華民國的大國民，每個人都有參加建設新中國新臺灣的權利和義務；同時我希望在這偉大的歷史的歡喜的感激當中，每個人都應該重新受過一番的偉大的國父的革命精神的洗禮，在這個洗禮當中來充分地懺悔我們的過去，洗淨過去半世紀所染受的帝國主義給與我們的一切精神上和物質上的毒素，而虛心坦白地，誠懇地來接受偉大的國父的革命精神和革命思想！如此使六百萬的臺胞沒有一個的例外都能夠做偉大的國父的熱烈的信徒，繼承國父的遺志，完成建設新中國，新臺灣的大業，才不愧爲跟著偉大的民族英雄——鄭成功——到臺灣來的我們的祖先的忠勇精神和許多的臺灣革命先烈的偉大的英靈！我很相信六百萬的民族精神的熱血現在正在歷史的感激裏沸騰了——無論他的過去如何地被蹂躪淘汰，現在都已不成問題了！只要有偉大的領導者在各個部門來領導他，六百萬的臺胞當然沒有一個例外的，每個人都馬上可以做個偉大的國父的革命信徒，分擔歷史的建設的任務。六百萬的民眾好比是一塊鐵，革命的指導者好比是磁石，只要磁石富有磁性，那麼這塊鐵是必然會感受磁力而被吸取的啊！現在臺灣的問題就是這磁石的磁力夠不夠以來吸取這塊鐵的問題。所以我希望政府當局者能夠充分地發揮這種磁力作用——領導作用；首先就要到群眾裏面去工作，在群眾裏面來發現被帝國主義埋沒了的大批眞正最優秀的人材，把這些人材來造成一個更大的磁力，再進而逐漸地將優秀的人材都吸取去造成一個足以吸取這一大塊臺灣的鐵的磁力的磁石。而這種工作絕不是在辦公廳中或在社交場中就隨隨便便可以做到的。必定要到群眾裏面去，而且更要抱著全幅的革命熱誠到群眾裏面去刻苦地工作，才能夠做得到的啊！

我記得有一位名將說過：「在虎領導下的羊群勝過在羊領導下的虎群」所以我希望當局者三復斯言，而千萬不要將過去半世紀日政府施行的「劣勝優敗」的淘汰原則繼承過來，而須把這原則塡倒過來變成在偉大的革命精神指導下的「優勝劣敗」的原則！

末了，對於政府當局的取士方法上，已經眾議紛紛，大家有許多的疑問，故順此一言吧！對於學歷和經歷當然是非重視不可的；但是對於學力和實力與及整個的思想人格更是切實的需要重視的：前者的條件只可以當做決定後者諸條件的參考條件，而不可死板板地把它當做最後的條件，尤其是在臺灣過去半世紀淪陷了的特殊情形之下，應該要有一種歷史的眼光來認識才可以的。比方過去的警察，這是日本帝國主義壓迫民眾的最直接的工具，那是眾怨的標的，而且這警察的昇官是要出賣民眾或民族的利益來做它的功勞的，所以它的職位愈高罪惡是愈大，民怨也愈大，如果把過去的警部，警部補拿來當做現在的採用警察的資格，那就大不對了！

謝春木先生在政經報第三號「光明普照下的臺灣」說：「要建設三民主義，臺灣的條件比任何地方都具備，只要有熱情有魄力的政治家到了臺灣，肯為實現三民主義而奮鬥，一切問題都可以解決……憲政立刻可以實施，毫無危險……如果臺灣不能實行民生主義，那末中國任何地方也沒有希望了……民族主義的實現也是一個很好的試驗場，臺灣可以說是三民主義的最好的試驗場……」這是很切實的話。我相信實現三民主義的客觀的情勢在臺灣是很成熟了，六百萬的臺胞的革命情緒現在也正在歷史的感激裏高漲著，這是天賜的千古不再的良機，千萬不要使這良機錯過，而自造危機以招後代史家的譏笑：趕快地要從民眾裏面開發出大批的建設人材，組織成一個強力的堅固的主觀的勢力來領導已經成熟了的客觀形勢，建設三民主義新臺灣，使臺灣名與實相符成為全國唯一的模範省，而更進而將建設的餘力來幫忙內地各省的建設，推進及完成新中國建設的歷史的大業，則臺灣幸甚，中國幸甚！我們軍官民一體大家攜手向這個目標前進前進吧！

促進文化的方策

《民報》社論
一九四六年二月三日

對於臺灣的文化之評價，有種種的議論。評價的方法和觀點之歧異，所以結論不同。我們是否認說臺灣因爲五十多年受了日本異族之統治，臺灣已沒有文化可言之極端議論，作這種議論的，多是想要自高身價，排起著指導者的架子的。（我們想起，日本統治時代，日人也主張而且積極的宣傳臺灣過去沒有文化。）他們對於臺灣的文化，沒有研究過，或是調查過，只看表面受了日本的統治，就以爲一定是沒有文化了，原來，文化不是那麼沒氣力的，或是被限的。

不過，從現在的臺灣的狀態而言，臺灣的文化，確是呈出一時的混亂和低下，因政治上的遷變，日本統治時代的文化要受嚴厲的再評價或是否定，而我國的新的文化，又未能夠迅速盡量流入，我們要冷靜地承認這個事實，方能確立促進文化的方策，關於促進本省文化的方策，當然要愼重檢討，我們試想略陳一二以資參考。

第一要促進我國內地的文化的盡量流入。其具體的方法有種種，譬如內地的出版物的大量運入或是聘請內地的文化界的先達來臺，對來臺的先達諸位，我們要希望的，就是要認清臺灣的現實，不可機械的只做所謂「講授」或是「介紹」的工作，要多與臺灣的大眾和文化界的人士接觸，共同研究，共同前進。至於本省文化界的人士也要多到內地，親接受我國的新文化，不消說，這也是必要的。

第二要鼓勵臺灣自身的臺灣文化的研究。我臺灣在三百年前，由沈斯庵、徐孚遠諸先哲播下中華民族的文化的種子以來，因爲異族的摧殘，多在風雨飄搖之中，可是也曾經開過許多的鮮花，當此光復的瞬間，我們要重新繼承諸先哲的精神，表彰諸先哲的潛德不只用以光大創造本省的文化，進而用以貢獻我國的文化。在今年的初頭，陳長官曾說在今年要創設，整備關於人文科學方面的研究機關。對此，我們表莫大的贊意，希望尤其是對於臺灣文化的研究，要有特別的考慮。

第三要提起一個似小而相當重大的問題。就是「紙」和「印刷」的費用的暴騰的問題。最近的紙價和印刷費的高漲，眞要令人瞠目因此，銷路不廣的學術的刊物，沒有承印的書店。泛濫在街上的大部分只是那「千字文」「百家姓」或是社選的「國語學習書」之類而已。記得有人用此類的「刊物」來評價臺灣的文化，不消說，是不對的，可是此類的「刊物」之泛濫，決不是臺灣文化的榮譽。我們希望當局對此問題，要考慮相當的辦法，使學術的刊物，有刊行的機會。

以上，我們只就眼前的問題，略述一二，不過我們相信以上的所述若得見諸實行，則臺灣的文化，一定會漸漸地脫出混亂而前進了。

精神的接收

《臺灣新生報》「社論」
一九四五年十一月二十九日

精神的接收，包含有兩種意義。就一般說，接收失地，同時要接收人心。在進行全面的接收時，各地都應該如此。臺灣淪喪最久，人心思漢，五十年如一日，光復之後，臺灣同胞對於祖國來的人歡迎，對於當局的信仰，對於政府的期待，處處流露極熱烈的情緒。陳長官抵臺之後，發表施政方針，首先爲人民謀福利，現正本著這個方針，從事省政興革，其一切措施，也完全以民意爲從違。順民情、慰民望，即所以接收民心，這種精神的接收，比其他一切接收工作更重要，因爲當局所深知，人民所渴望，用不著多說。

就臺灣的特殊環境而論，我們從日本人手中接收許多東西，不僅要接收其軀殼，有時也要同時接收其精神。前者是有形的，後者是無形的。就行政部門言，日本統治臺灣半世紀之久，行政組織相當嚴密，法令相當完備，政治也很上軌道。他們那些帝國主義者統治殖民地的一切作風，我們飽受其害，當然深惡痛絕，必須加以根本剷除。但是他們組織的條理，行政的效率，以及各級公務人員工作的態度，服務的精神，如守法、負責、勤勉、確實等等，非無可取之處，不能一一抹殺。我們現在接收日本在臺灣的所有行政機構，一切要不得的地方，必須改弦易轍，而可以效法之處，則宜同時加以接收。我們的行政也要有效率，我們的公務人員也要守法、負責、勤勉、確實。當局正要在臺灣提倡新風氣，而這種種精神都是新風氣中不可少的條件。至於就產業部門言，精神的接收，尤其重要，臺灣的農業工業，過去相當發達，而其發達的原因，不由於科學與技術的進步，尤其是一部分專家學者孜孜不息從事研究的科學精神。我們現在接收日本人在臺灣所辦的產業，不能僅僅著重物質方面，而忽略精神方面。工廠機器一切生產工具的設備，不過是軀殼而已，科學的研究，科學的管理，進步的技術，這些都是附麗軀殼的靈魂，軀殼失去了靈魂，便無生命可言，工廠如果只有機器設備，而沒有好的技術與管理，以及繼續不斷的研究改進，也即無前途可言。我們對於臺灣的產業，目前要保持現狀，將來要加以擴展，保持技術的水準，一面繼續科學的研究。臺灣的技術人才甚多，技術水準也很高，今後政府固然要盡量提拔任用，使人盡其才，以貢獻於新臺灣的建設，但人才多多益善，楚材晉用，史有先例，我們即須一面對於日籍專門技術人才，如確有必要，而無可代替者，也不妨擇尤利用，尤其對於那些對某一專門問題，如天文學氣象學等學問，窮年竟月，殫精竭思，孜孜研究至二三十年之久，而有特殊心得與貢獻的科學家，我們一面要仿傚他們的精神，從事科學的研究，一面還要鼓勵他們繼續他們的研究工作，以便對學術作更大的貢獻同時也就是對今後臺灣產業的發展作更大的幫助。我們反對的，是侵略，是奴役，不是科學與應用技術。蘇聯現正致全力於原子研究，他除利用取之於德國的原子儀器外，并且網羅許多德國的第一流科學家視同懷寶，參與研究，這件事正可以供我們取法。陳長官廿六日在紀念週講演，指出建設新臺灣的要點，其一即爲趕學科學，并謂：『日本統治臺灣，在產業方面，得力於科學研究亦不少，如臺北帝國大學，如各種試驗所研究所，都是有形無形的幫助產業的。』科學研究和技術管理既如此重要，而我國的人才又不多，那末，對於臺灣產業部門上，更顯得精神的接收之重要了，其唯一辦法就是儘量就地取材，不足的也無妨利用日籍的技術者。

末了，爲要達成精神的接收，我們更提出一個很懇切的希望，我們知道，臺胞在日本統治下，因爲一切行政機關都難插足，就不得不退而相率埋頭技術與科學之研究，因此今日的臺灣，在技術科學方面，可說人才輩出，冠於各省，倘能好好運用，對於建設新臺灣定有不少的助益，不少的貢獻，各處會的主管者似乎也應當以冷靜公允的態度，加以番愼的選擇，使臺胞得以人盡其用，發揮所長，貢獻地方和國家，失地和人心的同時接收，這樣，便能預期完成了。

爲在臺的日人設想

《民報》「社論」
一九四五年十一月十二日

事實上，在臺的日本人，一定有感著一種的意外罷，就是我當局和民眾的對待他們的寬大。當東三省、上海、韓國等地方的日人的消息，傳來的時候，在臺的日人莫不戰戰兢兢，舉昔日的傲慢自大的態度，擱在無何有處，茫然自失，鬧出種種的笑話。可是日後的事實，他們的行動沒有被干涉，他們的居住衣食也沒有被制限，當局反屢屢聲明要保護他們，而且對他們的一部分的成就，表示理解和重視。

我們的當局的這樣的處置，我們是想要諒解的。因爲我們知道要判斷一事物之是非當否，是要假以相當的日子的。只是現在，日人之受寬大的處置，却是事實。論理，日人是要如何感激，如何反省加勉哪。可是，一部分，不，或可說大部分的日人，反漸漸地再現出昔日的傲慢自大的舉動和言說。他們以爲我們的寬大，是因爲感覺著沒有他們，臺灣的政治恐不會收效，臺灣的文化恐不會發展。但是這是何等可笑的謬誤呵。對此謬誤，我們以爲沒有指摘或反駁的必要，也沒有興味。只是我們相信這種謬誤，一定是不會爲他們產生幸福的。爲他們設想，我們以爲他們只有即刻反省，即刻訂正他們的謬誤以外沒有方途。

在日本還未崩壞以前，日本法西斯常以他們的「國家生活」的堅固以自豪。他們含著幾分的嘲笑，和優越感，說我們中國人。雖沒有「國家生活」，只是「社會生活」却是很根深蒂固的。他們的對我們的認識是片面的是錯誤，已由事實證明了。我們的國家意識，民族意識的旺盛凜烈，竟把他們打倒。而被打倒的他們，適暴露出牠們的「社會生活」的沒有把握的悲劇。看一看臺灣的現狀罷，他們自己沒有互助的精神，沒有協力的意志，貧的變爲偷盜，富的每日花天酒地，醇酒美人。而中產階級。有的賣「壽司」，有的賣「紅豆仔湯」。他們的結果將如何，我們也以爲沒有說明的必要和豫言的興味。只是決不是將來他們的幸福的，却是很明瞭。專爲他們設想，他們唯有根本地放棄昔日的帝國主義的「國家」的舊夢，重新建設新的「社會生活」，譬如富者要用在花天酒地所浪費的金錢，自發的去救濟他們的貧窮的日人。互相反省，互相援助才是。

語云，「路上相逢亦是緣」，我們和他們算是曾經結了五十多年的關係，雖是「惡緣」，却感著一種的「緣分」，所以略爲了他們設想一二，他們的容納與否，是他們的「自由」，不過如長此以往，那麼一定有更嚴重的事實和教訓，在待著他們！

三、創刊、創立宗旨

創刊詞

——民族意識之發揚及整個指導中心

《政經報》創刊號

一九四五年十月二十五日

茲我們的『政經報』要發刊了，我們當然有幾句話要敘述我們的感慨與覺悟。

過去五十年的臺灣，簡直地說是一編慘苦無限的歷史。我們臺灣人，於三百多年前受國姓爺鄭成功先烈的領導，對於滿清發動了可歌可泣的民族抗戰，維持了幾十年明朝的血脈。後來大勢不利就傾伏倒地，異族的康熙帝也就來統治我們，但三年小變五年大反的歷史，使滿清看我臺灣爲化外之地，看我們臺灣人爲化外之民，只因沒有統一的領導及民族意識的消沈，漸漸地認賊做父，我們臺灣人大部分都無法地服從下去。不知不覺中過了三百年，至光緒二十年甲午清日開戰，翌年就把我們好個臺灣送給日本了。那裡知道我們的民族血脈雖然沈潛埋沒，但也是無形無影中繼續下來，就發動了民族的獨立抗戰，成立了東洋頭一次的民主共和國——臺灣民主國。其時滿清積弱又兼民族意識不明，也就一敗塗地，爾後數年民眾失了統一的領導，日本就到處開始了民族壓殺的土匪征伐，把我們的民族獨立運動鎮壓到地下去。但我們民族先烈於全島到處開始了部分的底反抗，所謂西來庵事件、苗栗事件、竹崎事件、林圯埔事件等等無數的血的犧牲。到了這次七・七祖國總反攻及所謂大東亞戰爭起來，臺灣人的民族熱情沸騰到了極點，而日本特有的野蠻的彈壓又開始了，現在我們都不知道我們的兄弟姊妹受難犧牲的確實數目。

過去漢民族有了兩次受異族壓倒，就是宋末與明末。宋末那樣許多的熱血男兒——如岳飛文天祥——提出了生命犧牲於祖國，而祖國只是從江北被趕下來江南從江南趕下來南海，終歸於消滅，而受元朝的九十七年的侮辱。明末也是一年減卻了一年的江山終歸於消滅，而受清朝三百十年的欺騙。如斯者全爲民族意識不昂而缺了統一的領導所致。

然而這次我們祖國的抗戰建國就不相同了，有了 國父孫總理的三民主義，特其是民族主義的提醒，而受蔣委員長的統一的領導，舉民族的一切來抗戰到底，斯則我們能得鼓動聯合國的援助而得勝利了。

於開羅會議時也有臺灣之國際共同管理之說，我們的，委員長倘不堅決拒絕則我們今日如何？可想而知，然，委員長斷不忘去我們臺灣的同胞，我們才有今日可以共謀祖國之復興建設。

政經報者就是關於政治經濟全般的問題之報紙。我們將民族的滿幅熱情而求一個指導中心將喚起全民眾來建設我們的中國我們的臺灣。所有出於虛心精誠的議論盡可包含，所有眞出於爲國家民族的意見無任歡迎。以後希祈大方協助我們的政經報。

告我臺灣同胞——發刊辭

廖文毅

《前鋒》光復紀念號

一九四五年十月二十五日

親愛的六百萬同胞！我們要知道、今天是我們一生最要歡喜的日子，因爲今天是我們大中華民國的「雙十節」是我們第一次嘗著的我們祖國的「建國祭」我們今天能夠參加慶祝這個佳節、實在是我們所崇拜的蔣主席努力繼續我們的國父孫總理的遺囑、而連絡以平等待我們國家的、美、英、蘇、與及其他世界上列強奮鬥抗戰八年有餘、而且能夠得到最後的勝利、拯救陷在泥中的我們六百萬同胞、出死入生、回到祖國去、做了大中華民國的國民、能夠與世界任何的民族並肩的一等國民，這我們應該深深的感謝我們的領首蔣主席、和其他與我們協力的友邦的領首。

我們還要知道，這次祖國的政府來接受了臺灣創設一個臺灣省，而任命陳儀氏來做行政長官、領導我們還到祖國那條路去。我們相信陳先生，一定能夠大展他平生抱負指示這一群「迷路之羊」向著光明大路走去，仰望青天白日的世界的！我們還要對陳先生表現我們滿腔熱烈的歡迎以及我們五十年來的渴望！

親愛的同胞！我在這個地方要愼重的告訴你們、我們是明末漢民族中最有血氣、最有革命精神，最有民族意識最有奮鬥力的，在鄭成功領導之下和滿清抗戰幾十年、而最後因天不由人願、尙且，死守這個孤島，一方面繼續抗戰，一方面開拓這個南海中荒毛的島嶼的閩南最精銳分子的子孫。我們不可忘記了我們有這樣高尚的血統，有這樣榮譽的祖宗！不但我們這次還到祖國，並且連我們的先祖所開發的土地，同時歸還祖國，然則我們是這塊國土的主人翁了，我們的環境就這樣的激變，我們個個都要站在這塊神聖的地面上擦眼靜看照在祖國天上的青天白日，我們有了這個權利了，但是不要忘記，同時我們也有保護牠、惜愛牠、為牠犧牲、為牠爭光的義務。這樣才算是文明國家的國民了！

諸位同胞們！我已經告訴了你們，我們的先祖在三百多年前，已經為了民族留了一頁光榮的歷史，而且獨力更生的來開發了這個「美麗的寶島」。足見他們有了很大的毅力，能忍耐種種困難，與大自然奮鬥，與環境鬥爭的偉大的精神，但是經過二百多年過著滿清的惡政，又再受了足足五十年精神上的練成，我大膽的敢講，我們大多數都失去了我們偉大祖先的超倫的精神了。同胞們！站起來，起來，不要再睡著了，這是我們覺醒的時機我們是我們自已的主人翁，我們的地方是甘是苦，都是我們自己的，我們此後無論如何，都要努力於整頓這個「美麗的島」自己約束自己的同胞們，這樣的發輝我們大民族的精神，對著世界的人類宣布大陸的氣概。

我們不可忘記，我們是遺傳著大陸民族的血統，我們的國家是世界五大強國中的大中華民國！我們在慶祝這個最有意義的「雙十國慶節」的時候，我們應該記念著我們的國父孫總理與及其他為著民族犧牲的革命先烈。在這個有意義的佳節，我們也要仔細著想著目前境遇，認著光明的大路向前突進這才不愧做黃帝的子孫，才對得起我們的先輩。親愛的同胞們！我們已經受著解放了，我們是自由的國民了，但是我們的前途未必全是平坦大路，困難盡在我們的眼前。我們的責任、義務，與及負擔是很重的。同胞們！我們是自由的一等國民了，無論怎樣的重擔我們都要有擔起來的決心，試問諸位同胞們，我們個個都有了這樣決心嗎？我在這個地方將要對我所敬愛的同胞絕叫，我們非有這樣決心不可！若無者非我同胞也！！

恭喜「雙十節」是今天，恭喜我們同胞今年也能慶祝「雙十節」但我希望明年我們慶祝「雙十節」的時候，我的同胞們於內心和外觀，都能完全還到祖國了，我們的鄉土也已經完全的受著祖國的風氣，這樣的臺灣和大陸純全的融合變成一體，這才是我們的願望，也是我們的努力的目標。同胞們！幹快望前跑，我們祖國抗戰已勝，我們的建設必成。

最後我將與大家合唱

中華民國萬歲！

漢民族萬歲！

祝新生報新生

林呈祿

《臺灣新生報》一九四五年十月二十七日

在光復的臺灣省內，爲輿論界最高峰的臺灣新生報，業於今日，與臺灣省之新生，同時發行其創刊號，對於臺灣言論界，劃一歷史的新紀元，我臺灣六百萬同胞，衷誠欣幸。

回想臺灣在過去五十年間，在日本帝國主義壓迫之下，不惟言論極端被其抑制，報道完全受其歪曲且與祖國之政治，經濟教育、思想、文化，完全隔絕，因此，我臺灣同胞，遂變爲一種宿命的無怙無依者，變成人爲的聾子，啞子、瞎子，對於祖國實際情況，毫無認識辦法。茲因祖國，在蔣主席領導之下，抗戰八年，終獲得輝煌的勝利，使我臺灣，得脫離日本之束縛，完全光復，內外敬仰之陳行政長官，於昨日，在民眾熱烈歡迎中，蒞臨斯土，使臺灣省，展開了其歷史的第一頁。臺灣新生報，當此意義深重之時，高瞻遠矚，對於新生臺灣之報道與宣傳，開始活動，確信其對於將來新生臺灣之建設，對於促進祖國與本省之一體化，必有偉大貢獻。

臺灣文化協進會的創立宗旨

游彌堅

《臺灣新生報》一九四五年十一月二十日

各位同胞，臺灣被日本統治了五十一年、也就是臺灣同胞做了五十一年、日本的奴隸、一切的經濟—財富資源、都被剝削無餘、臺灣人只能以奴隸的身分生存。一切的文化—思想言論、都被壓制到像□豆芽似地、無天日可見、無生長的餘地。在帝國主義的高壓下、一天一天地培植了法西斯的細菌、因此臺灣人在這五十一的中間被法西斯的毒素、痲醉得相當利害、帝國主義的根、漫延在臺灣的社會也相當的深。

現在臺灣雖然光復、大家重新回到祖國的懷抱來、同時大家希望趕快建立三民主義的新臺灣、做三民主義下的好百姓。但是毒素不是一旦可以掃除乾淨、毒根不是一天可以拔得清楚。爲了敢快實現三民主義的理想、我們應該如何來清除這些毒素？拔掉這些毒根？如何來改變我們這被奴化的觀念、如何來協助政府建設新臺灣？這是我們應當考慮、應當努力的地方。臺灣文化協進會創設的動機、也就是從這裡產生出來的。臺灣文化協進會的目的、是要宣揚三民主義的精神、

灌輸民主政治的思想、改變被奴化的臺灣文化、協助政府推行政令、傳承國文國語、並對社會做種種的服務工作。不過這種重要的工作、不是少數人可以做得了的。非有群策群力、大家聯合起來做不

可。所以我們才來發起這臺灣文化協進會、希望大家加入這個團體、精誠團結、共同一致、來推行我們新臺灣民對新臺灣應做的事情。我們感覺到我們的工作的重要性、須要積極遵行、所以日內就要出版一種刊物、名叫「現代週刊」并舉行通俗演講會、也要開始傳習國語國文以及其他社會服務的工作。

陳長官說：「臺灣是三民主義的苗圃」。爲要完成這理想的苗圃、我們要將帝國主義日本所種的毒草雜草先行除掉、土地也要重新耕過、一方面再拿祖國以及世界的好肥料—自由民主的文化—來澆上、有了這工作、我們的好種—臺灣人、才能儘量地生長、才能成爲三民主義的良苗、移植到大陸、移植到世界各地這才是我們無上的光榮、無上的幸福。

我們臺灣人本來是漢民族最好的種子、在數千年的長期歷史過程中、我們因爲不屈服於異民族的壓迫、所以由中原移到福建、由福建移到臺灣。在臺灣、先被滿清的壓迫、後被日本帝國主義的虐待榨取、但是我們仍舊保持著強硬的民族意識、沒有被日本同化過去、沒有喪失民族的精神。這就可以證明我們是好種、既然知道是好種、我們更要做好、所以我們要提高我們的自導心。我們既然能夠回到青天白日之下、我們就有儘量伸長的機會、我們可能做人家的榜樣、可能建立理想的臺灣。並且堅信一定可以做得到、但是我們須要將這苗圃裡面的毒草雜草、剷除、澆上好肥料、才能得到正常的全面的發展。這種除草耕地澆肥的工作、就是我們文化協進會同仁工作的目標、希望大家協力、向著這目標前進、協助政府的建設、來完成理想的新臺灣。

光復新報・創刊詞

鄭坤五

《光復新報》創刊號
一九四五年十二月二十一日

於戲，偉哉！壯哉！掃清彈雨硝煙地，插遍背天白日旗，此何時乎？即我中華民國三四年八月十五日正午，抗戰勝利，日本無條件投降，光復之現像也。吾臺乃自明永曆九年，由民族英雄鄭成功驅逐蘭人，與一二孤臣義士。遺民逸老支持已殘之局，存明正朔之淨土也。惜歷年不永，僅二十八載而淪爲左衽之區。自是凡我臺民，世爲奴隸。又二百十二年而割歸日本，小人得志，趾高氣揚，先欲實行大陸政策。繼更夢想平分世界，遂奴視臺人，無所不至，較諸滿清之虐待漢人，尤變本加厲。凡我臺胞。莫不包羞忍辱，慘雨淒風，度盡五十餘年歲月，直至於今，六百萬臺胞，始從迫死、冤死。嚇死。貧死。餓死。病死。獄死。戰死、爆死，九死一生之中，得以歸依祖國慈懷，並洗卻子子孫孫亡國奴隸污名，眞出意外，猶如夢魔被壓，萬種恐怖之時，突然覺醒，眼前之險惡景象，一瞬全消，咸得五十年來人生所未曾有之大快意事也。有一連四夜喜而不寐者，更僕難數。豈久旱逢甘雨。他鄉遇故知。洞房花燭夜、金榜掛名時之四喜。可同日而語哉？此皆賴我　國父與諸革命先烈在天之靈，及前無古人後無來者　蔣委員長，並盟軍將士之偉績也。此恩此德，將何以報？當我國軍進駐之日，亦有高吟陸游詩：「王師北定中原日，家祭毋忘告乃翁」之句，喜極而泣，瓣香垂涕而告於若祖若宗神主前者。當此曠古未有之光復盛事，豈容虛擲？於是本報同仁乃有《光復新報》之刊行，不但將留記念，且冀進而發揚國粹，並追隨政府之後，推行國策。宣傳三民主義，啓發民智，以報諸公天高地厚殊恩之萬一者也。

回溯昔年。日本文相平生倡言廢棄漢文，雖彼國未曾通過，而公學之漢文科目自是消滅，民間書房並罹禁止，甚至私塾學究有橫被毆辱而自戕者，其對漢學，大肆其斬盡殺絕毒手，有若嬴氏焚書坑儒之慘。蓋渠不省我漢文有五千年根基，豈容蜉蝣憾動之哉？且並不知日本文化是從漢文而來，故敢倒行逆施。誰知苛政之下，各地尚有一二抱殘守缺碩儒，如漢之伏生、宋之邵雍者，毅然以繼往開來自任，冒險保存國粹，委曲組成詩會，隱然鼓吹革命，發揚正氣，如黃黎洲先生所謂其魂魄不肯盪爲冷風野馬者，藉以維持一線國學於風雨飄搖之中，亦可謂徼天之幸矣！茲當本報得光復之鍾靈而誕生，深冀僅存碩果，與島內外同胞撫之育之，俾無災無害，得以成長，盡其天職，竭其微誠，使本島爲模範省，更進一步，促進祖國強盛，與先進之美國後先輝映於東西兩半球也。

編按：本文轉引自東海大學吳福助教授所編的〈編坤五「光復大學」古文作品輯錄（一九四六年一月一日）〉，併此致謝。

四、光復慶典的記錄（受降・國慶、光復）

落日
——記日本簽字投降的一幕

朱啓平

《臺灣新生報》一九四五年十一月十四日～十五日

今年三月我奉命離重慶出國，到太平洋上爲美國太平洋戰區和太平洋艦隊的隨軍記者，一向在前方工作，直到日本投降時止。這篇稿子是記載日本代表簽字投降經過的。這富有歷史重要性的一幕，或常爲光復區內讀者所未盡悉，特再寄出，不管它已經過時了。

啓平誌

中華民國三十四年九月二日上午九時十分，我在東京灣內美國超級戰鬥艦米蘇里號上，離開日本簽降代表約兩三丈的地方，看見他們代表日本簽字，向聯合國投降。

這簽字，洗盡了中國民族七十年來的奇恥大辱。這一幕，簡單，莊嚴肅穆。

天剛破曉，大家便準備了。我是在七點多鐘隨同記者團從另一艦乘小艇登上米蘇里的。米蘇里的艦面本有兩三個足球場大，但這時卻顯得小了，走動不開。到處都密密簇簇的排列著身穿咔嘰制服，執槍肅立的陸戰隊，衣著潔白摺痕猶在而滿臉笑容的水兵，往來互相招呼的軍官，和二百多個記者，全艦色灰，油漆一新，毫不懸燈結綵，一如平時，九尊十六英寸口徑的大砲，斜指天空。天陰，灰雲四罩，海風微拂。海面四周艦輪如林，飄著美旗，艙面上人影密集，不看都知道是在向米蘇里注視。水上小艇往來疾駛如奔馬，艇後白浪如練，摩托聲如猛獸怒吼，幾乎都是爲載官兵來米蘇里參加典禮的。陸地不易見，躺在遠處的朝霧裏。

簽字場所

簽字的地方是在艦右側大砲旁將領指揮室外上層甲板上。簽字的一張桌子原擬向英艦英皇喬治五世號借一古色古香的木桌，卻因爲太小，臨時換用士官室裏一張吃飯的長方桌子，上鋪綠呢桌布。桌子橫放在甲板中心偏右下角，每邊一把椅子。在靠裏面的椅子旁邊立著四五個擴音器，播音時可直通美國。將領指揮室外門上，如玻璃框內織錦畫一般，裝著一面陳舊的美國旗，十三花條三十一顆星，長六十五英寸，闊六十二英寸，九十二年前美將柏萊（Commodore Maffewcperry）曾帶至日本，在日本本土上飄揚過，這旗的位置正下視簽字桌。桌子靠裏的一面是準備聯合國簽字代表團站立的，靠外的留給日本代表排列。桌前左方是將排列美國五十位高級海軍將領的地方，右方五十位高級陸軍將領。桌後築一小臺，給拍電影和相片的攝影記者用的，地方最好。其餘四周都是記者天下：大砲砲座上，將領指揮室上層，各鎗砲座上全是我門的位置，我是站在二十公分口徑機鎗上臨時特別搭的木臺上，離開簽字桌約兩三丈遠近。上層甲板下面的大甲板上，右前方排列著水兵樂隊和陸戰隊榮譽儀仗隊，都向外立。緊靠著登艦離艦的鐵梯出入口。口上排著一小隊精神飽滿體格強健的水兵

白馬故事

八點多鐘，記者們都已依預先的規定把位置佔了。海爾賽是第三艦隊的指揮官，米蘇里是他的旗艦，因此從來客的立場上講，他是主人。你看他，這時候正笑吟吟的站在出入口和登艦的高級將領一個個握手寒喧哩。之後尼米茲到了，他陪著這位上司步返將領指揮室，艦上昇起尼氏的五星將旗。海爾賽以前曾向新聞記者談話，他看中了明治閱兵時騎的那匹白駒，等擊敗日本，美軍在東京街上遊行時他準備騎上這馬參加遊行行列。美國老百姓已經替他定製了一副白銀馬鞍，準備到那時贈他使用。一個中士還巴巴地從千里外寫信給他，送他一付馬刺，希望自己能在那時扶他上馬。第三艦隊掃蕩日本沿海時，忽然有人造了個大家願意相信的謠言：米蘇里號上已經在蓋馬房了。馬房並沒蓋，白駒已過去，日本代表卻今日登艦簽字投降了！

樂隊不斷奏樂，將領們不斷到來。寫字的記者眼耳傾注四方，手不斷記筆記，攝影的記者或立或跪一腿，相機對準各處鏡頭。這時候，大家都羡慕四五個蘇聯攝影記者，他們有兩個全身穿紅軍制服，兩個穿便服，仗著不懂英語，各處跑，任意照相。其餘的都因爲事先有令必須站在原定地點，懂得英語命令，無法隨意動，上層甲板上人漸漸多了，都是美軍高級將領，在說笑。我從沒見過在這樣小的地方聚著這樣多的大軍官。

代表到來

八點半，忽然采聲大起，一位軍官宣佈聯合國簽字代表團到。他們是乘驅逐艦從橫濱動身的，傾刻間我看見從大甲板上大砲座後轉出一列衣著殊異的人物來。第一個是我們的代表徐永昌將軍，他衣一身簡潔嗶嘰軍服，左胸上兩行勳綬，向迎接的美軍官舉手還禮後，領先拾級登梯至上層甲板，楊宣誠將軍等隨行。英、蘇、澳、加、法、荷、新西蘭的代表陸續上來，記者大忙。上層甲板成了有聲有色的外交應酬場面。笑談握手問：中國話、英國語，重音略有不同的美國的英國話，法國話，荷蘭話加上少有人懂的俄國話，起伏交流身移影動時；中國代表深灰黃的軍服，英國代表的全白色，短袖短褲長襪，蘇聯代表的陸軍深綠棕色制服，褲管上鑲有長紅條，海軍的海藍色制服，法國的本衣雨衣，攜手杖，這時卸衣去杖，顯出一身淡黃咔嘰制服，澳洲的軍帽上圍有紅邊——五光十色。

八時五十分采聲又大作，盟軍最高統帥麥克阿瑟元帥到，也是坐驅逐艦從橫濱來的。尼米茲在艦面上迎接他過來，陪他從大甲板登級到上層甲板，先到將領指揮室休息。艦上升起麥氏的五星將旗和尼氏的並立。在艦的主竿上這時已飄著一大幅久經滄桑大事的美國旗。這旗，一九四一年十二月七日日艦機偷襲珍珠港時，正插在華盛頓國會議事廳上，曾隨美軍到過羅馬，跟杜魯門總統到德國，在波茨坦會議時飄揚於德國天空。

上層甲板上的外交場面漸告結束。聯合國代表因在簽字桌靠裏的一面列隊靜立，徐永昌將軍爲首。五十位海軍將領和五十位陸軍將領也分別排班。聽見有人說，日本代表將到。我急看看一艘小艇正向艦右鐵梯駛來。不久，一個美國軍官領先，日人隨後，陸續從出入口進入大甲板。那小隊水兵向美軍官敬禮後即放下手立正。樂隊寂然。日本代表因外相重光葵在前，掛著手杖，一條眞腿一條假腿，蹺拐而走，登梯到上層甲板時有人扶他。他戴禮帽。衣大禮服，上甲板即除帽，梅津隨後，重步而行，一共十一人，全數到上層甲板後，即在簽字桌向外的一面，列成三行，重光戴上帽和梅津在前，其餘的分成兩行，和聯合國的代表對立，全艦無聲。重光一聽失於淞滬戰後在上海紅口閱兵時朝鮮志士尹奉吉的一枚炸彈，梅津是從前天津日本駐屯軍司令，著名何梅協定的日方簽字人，都是我們熟人。但是，曾幾何時現在！

儀式開始

九時正，麥克阿瑟和尼米茲海爾賽步出將領指揮室，麥氏走到擴音器前尼氏立刻到徐將軍的右面，第一名代表的位置，尼氏入海軍將領組，站在首位。麥氏執演說稿在手，極清晰，極莊嚴，一個字一個字對擴音器宣讀。日本代表團肅立靜聽。麥氏讀到最後昂起頭對日本代表團說：「我現在請日本皇帝和日本政府的代表，日本帝國大本營的代表在投降書上指定的地方簽字」一個日人出列到桌上察看那兩份如大書夾皮面白紙黑字的投降書無誤，折回。重光掙扎上前行近簽字桌，去帽放桌上，斜身入椅，倚杖椅邊，除手套，執投降書看了約一分鐘，皺緊眉頭，從衣袋裏取出一枝自來水筆在兩份投降書上分別簽字。梅津隨後簽字。他沒入座，右手除手套，立著欠身執單簽名。這時是九時十分。船上層傳來一陣輕快的笑聲，我抬頭看，是幾個毛頭小夥子的水兵，其中一個正伸臂點著下面的梅津，在又說又笑。但是全體的肅穆頃刻使他閉了嘴，擊沒日本，美國海軍出力最多，海軍中這群孩子出力最多，現在目覩敵人投降，怎能不得意怎能不歡笑。

麥氏繼續宣布：「盟國最高統帥現在代表和日本作戰的各國簽字。」接著並回身說請魏銳德將軍和潘西藩將軍（Gen. Percival）陪同簽字。魏潘步出行列，向麥氏敬禮後立在他身後。麥氏自己舒舒服服地坐入椅子，掏出筆簽字，才寫一點，便把筆轉身送給魏銳德，麥氏掏出第二支筆，寫一點，送給潘西藩。他一共用了六支筆，簽字畢，他起立，回到播音器前說，「美利堅合眾國代表現在簽字。」尼米茲元師步出行列說，我請海爾賽將軍西門將軍（Adm:Sherman）陪同簽字。」海西兩氏出立，尼米茲入座簽字，畢，各歸原位。麥氏說：「中華民國代表現在簽字。」徐永昌將軍步至桌前，入座，王之陪同，出鋼筆簽字。我轉眼看看日本代表，死立在那裏，如木人一般。之後，英、蘇、澳、加、法、荷、新西蘭的代表，一一在麥氏宣布到自己時，出列向麥氏敬禮後，請人陪同簽字。陪同的人澳洲的最多，四個，荷蘭新西蘭最少，各一個。荷蘭代表簽字前，忽然和麥氏商量了幾句。各代表態度美國的最安閒，中國的最嚴肅，英國的最歡愉，蘇聯的最威武。全體簽字畢，麥氏和各國□席簽字代表離場，退入□領指導室。那時是九點□八分，九一八——民國□十二年日本強迫我們□僞『滿』通車通郵，那第一班從關外開北平的車，到站是九點十八分，意思是「九一八」到北平。據此，我們可以說，「九一八」回日本。

（啓平附誌）

投降書髒了

接預定程序，日本代表應該隨即取了他們那一份投降書（另一份歸盟國保存）離場。但是他們這站在那裏，麥氏的參謀長蘇塞蘭將軍（LT, GEN'SUTHERLAND）本來是負責把那份投降書交給日方的，這時他卻站在簽字桌旁，和日人板著臉談話，似乎在商量什麼，大家都不知道出了什麼事，記者們議論紛紛，後來看見蘇氏在那投降書上拿筆寫了半晌，日人點□取書而去。事後知道，加拿大代表，不知怎的，在日本那份投降書上簽字時簽低了一格，佔了法國的位置，以後的各代表都跟著簽低了。荷蘭代表先發現這錯誤，和麥克阿瑟商量也爲此。蘇基蘭後來用筆把規定的地方依著簽字更正，旁邊附上自己的簽字，作爲證明。倒霉的日本人，連份降書也不能是乾乾淨淨的。

日本代表團順著來路下艦上小艇回去，在還沒離艦時，十一架超級堡壘列成整齊隊形，排空飛至米蘇里上空，隨著又是幾批超級堡壘。我正在數的時候，後面黑影點點，蔽空而來，不知有幾千架航艦上的飛機列隊漸近，不看半分鐘都到了上空，大家看得張著嘴出神。這些飛機都向東京飛去。

我聽見一個不到二十歲滿臉孩氣的水兵十分鄭重地對他一位伴兒說：「今天這一幕，我將來可以講給孫子孫女聽。」

這水兵的話是對的，我們將來，可以講給子孫聽。可是，我們別忘了百萬將士流血成仁，千萬民眾痛苦犧牲，勝利雖最後到來，代價卻十分重大，我們的國勢猶弱，問題仍多，眞需要民主團結才能善保和發揚這勝利的成果，否則，或者我們沒面目和孫子孫女講了。

舊恥已去盡，中國應新生。

（九月三日，橫須賀港中軍艦上）

痛定思痛　國慶之感

一記者（王白淵）

《臺灣新報》一九四五年十月十一日

自光復以來，六百萬同胞所待望之雙十節，是日上午十時在市公會堂揭幕、雙十節已經達到了卅四次、但是我們臺灣算是頭一次、這是多麼可恨可痛之事、五十年來之壓迫與榨取、使我們不能慶祝同族之喜、時刻前要參加典禮之群眾如長蛇一樣、源源而來、記有三四千人之多、因爲場面過於狹小、不能進去而在外面之人亦不少、如此熱狂從來未見之事，記者亦混在群眾而進入堂內一見堂內之人們，爲衷心祝賀今日之大典自肅自戒、非常靜默這亦是未曾有之事、但是他們的面孔都一樣帶著被解放出來的感激，主席團之諸公，□□□□從革命中趕出來的面□、其溫柔與親愛之態度，使我們感到自己的政府在我們的面前和從前的壓迫者完全不一樣了、范主席代讀葛秘書長訓辭時、記者感到一種不可說的親熱之情、他的字字語語都是抓住我們五十年來之痛、使我們抱著無限的希望、給我們從來未有之安慰。

黃委員以大人之風度、登壇以熱辯向群眾說　蔣委員長愛敵之偉大精神、及　蔣委員長之「抗戰必勝、建國必成」之意識、使我們感到將來之大任、抗戰已經完成、但是建設尚屬未來之事、我們同胞不能不再沉思一番，來完成有終之美。

林獻堂先生爲我們長老、與日本帝國主義鬥爭有年，其心志與苦衷、頗使我們欽佩、他今日之演詞、完全是我們六百萬同胞個個懷抱之痛苦、在被解放之今日，他之胸懷，不可令人設想、其言及後藤新平氏之愚民政策使我們感到「痛定思痛」之一事。

林茂生先生爲我們最高知識階級之一人、其識見與學問、仍猶屈在日人之下有年、他以幽默之言辭、詳說我們五十年之痛憂、評得日人統治無完膚、據他說一樣、我們因爲受異族統治五十年之故、使發生一種□說之混迷、但是今日可以證明、我們的中國魂以日人之壓迫、還不能消滅、使我們有光復之一天、這亦是我們漢民族可以向世界誇耀之事、記者在這從來未有之感激與興奮裡、感著綿綿不絕的我們的歷史與文化、並感謝國父孫總理及我們的解放者蔣委員長之偉業、至正午典禮畢、記者亦在感激裡而辭去。

千萬人等待這一幕

——臺灣受降典禮別記

記者報導

《臺灣新生報》

一九四五年十月二十六日

〔本報特寫〕昨天是臺灣眞正光復的日子，五十一年來的壓迫眞正被解放了，六百萬臺胞泞候已久的中國戰區臺灣省受降典禮，昨天上午十點鐘正式在臺北市公會堂舉行了，安藤利吉代表日本政府昨天正式向中國戰區最高統帥的代表陳儀長官簽下了投降書，六百萬臺胞懷念了五十一年的解放，於今眞正實現了。

臺北四十餘萬市民驕傲著自己有光榮看見了這具有重大歷史意義的一幕。還沒有到九點見，受降典禮所在——公會堂的門前，已經聚集了成千成萬的人群，等候這動人的一幕的舉行。

公會堂二樓的大禮堂，擠滿了參加受降典禮的人們，包括有盟國美軍顧德里上校暨長官公署全體職員和全臺各地同胞的代表。

九點五十六分陳長官以堂堂威武的姿態，偕同葛敬恩秘書長進入禮堂，九時五十九分日方代表安藤利吉大將帶著灰暗的臉色，偕同諫山參謀長等受命入室，經陳長官點首示意後就坐。十時正安藤脫下雪白的手套在降書上簽字，接著由日方代表諫山中將以沈重的步武，趨向陳長官席前，把降書呈上，經陳長官審閱，後受命退出。

簽字完畢後，陳長官以中國戰區最高統帥的資格朝著廣播器向全世界正式宣佈，從中華民國卅四年十月廿五日起，臺灣及澎湖列島已正式重入中國版圖，所有一切土地，人民，政事皆已置於中華民國國民政府的主權之下。

從這具有重大歷史意義的受降典禮完畢起，六百萬同胞是眞正的從日本帝國主義者壓迫下解放出來了，重新回到了祖國的懷抱。

爲了紀念這可貴的光復，在臺北，四十餘萬市民，張著欣奮的眼，暢懷狂歡，街上擁塞著慶祝的人群，獅子燈和鑼鼓鬧遍了，也響遍各個街巷。接著下午三點鐘公會堂的大廳，慶祝臺灣的光復大會又舉行了，所有的市民從心底聽出了自己的興奮與愉快。

陳長官勉勵全臺同胞爲建設三民主義的新臺灣而努力，陳長官的訓話，永遠銘記在臺胞的心中，一再如雷的掌聲，正表示著臺胞要永遠遵照陳長官的指示前進。

省黨部主任委員李翼中先生，特別提醒大家別要忘記五十一年來的痛苦，號召大家建設新臺灣要先從政治與經濟方面著手。

主席林獻堂和答辭代表林茂生兩先生，代表全臺六百萬臺胞衷誠接受陳長官的領導，同時林茂生先生更語重心長地勉勵大家要自力更生。

受降典禮舉行了，日本代表眞正的簽下了降書，臺灣是眞正的光復了，讓我們高歌吧，讓我們爲臺灣六百萬同胞重歸祖國而高歌！

林獻堂、林茂生在臺灣第一次國慶（一九四五年十月十日）致詞

《臺灣新報》
一九四五年十月十日

一、林獻堂講詞

今日臺灣省第一回雙十節，全省同胞舉行盛大祝賀會，鄙人亦得參列此典禮，敬述祝辭，此是鄙人莫大之光榮，莫大之欣喜也，回憶甲午日清之役，滿清戰敗，遂將臺灣割與日本，日本領有臺灣於茲已五十年矣，其統治之情形，若欲一一舉之，不能盡，茲略舉教育一端，亦可以見銓。

民政長官後藤新平之統治臺灣，日本人稱之爲偉大之成功者，有人問其教育之方針，他言無方針，以無方針作方針，彼豈眞爲無方針乎，是大小然，盖彼以愚民政策，不便明言而已，當時之公學校，雖有各科之名目，而其注重即在手工，農業中等學校則僅有醫學校，國語學校，其用意□□使民□言語，以供□，差或汝有疾病，汝自醫之不可以累人，其處心積慮如是。

至民國一年已經二十年矣，無一中學校，鄙人與□同志發起欲建設私立中學校，對佐久間總督要求許可，始知不准臺灣人私立學校，遂將所募集之三十萬圓，寄附於總督府，而創設四年制不完全之臺中公立中學校，其愚民政策如是。

民國二十六年中日開戰，繼續抗戰八年間，而得最後之勝利，臺灣光復端賴蔣委員長雄圖遠略，及政府諸公，國軍將士，努力奮鬥，登吾民於衽席，拯臺灣於水火，凡我臺胞同深感謝，此後臺灣省之建設，陳長官曾發表對臺灣之教育，將盡力改革，使全省同胞得受完全之教育而成爲一完全之人格，聞之莫不欣喜雀躍，以待實施，歐美諸國之文野強弱，皆就其教育之程度如何，程度高者其國富強，程度低者其國貧弱，教育之關係其重且大也如是，豈可不盡心努力而爲之，願我臺胞同心協力，以助政府之施設，使其從速運成目的，是□深望，茲逢慶祝第一回雙十節之良辰，略□鄙見以當祝辭。

二、林茂生講詞

日本自統治臺灣以來，已經過五十年之久，這中間對於臺灣之統治問題看來，他們或者要自誇對於臺灣的教育成功亦不一定，但是在我們看來那就不得了，這怎麼講呢因爲他們過去對於臺灣所取的教育方針，大都是以滅殺臺灣人的言語、宗教、風俗習慣爲目標，藉此要使臺灣人陷於愚民而無用的，對此在國民學校時代之臺灣人子弟，因爲年齒還少，不懂世事，往往受其欺騙，不知反駁。可是再進一步到入中等學校的時候，隨其年齒的增高，是非的辨別也隨之發達了，所以對於先生的教育滿抱懷疑等到他入大學的時候那就完全不同了。但是在這壓迫下的臺灣的純眞的學徒，老實是敢怒而不敢言，無從洩恨，有幸此次臺灣光復後，他們因得回歸祖國的懷抱，他們的態度也就驟然一變了，他們已得到自由了，他們可以大聲呼喊了。例如某女學校校長，有時對於女生訓示之時，有言及「支那」一句，對此有一女生要其訂正「中國」一事，校長不覺慨然自嘆說「日本五十年之教育已經失敗了」以此十分可以證明中國魂之健在了，總而言之，中國魂則是文天祥、鄭成功、孫總理、蔣主席之精神諸位切不可忘記啊。

林獻堂、林茂生在「臺灣光復慶祝大會」上的致詞

《臺灣新生報》一九四五年十月二十六日

林獻堂致詞：

我等由今天上午十時日代表安藤利吉簽降完畢時止，經已光復解放，此□同胞務須同心協力，來建設理想的新臺灣。同時我等須念及此次勝利，實於此次抗戰合於正義人道的理想，日本素來以桃太郎神爲教育方針，故其全體人民都抱有侵略之野心，故此次亡國之責任並不限於一部分之軍其全體國民實應共同負責。對於此次之勝利我等須感謝盟軍之仗義執戈，以及我偉大領袖　蔣委員長之勳德，此後我等須要親愛互助，協助長官「三不」與「三心」之政策以實現三民主義之臺灣。

林茂生致詞：

當此六百萬同胞全部沉醉於光復之幸福時，余敢提出兩個問題。第一何以必須光復，因有失陷故有光復，失陷之因在於國民無自覺、無團結，故敵人乘間而入，現在敵人尚在我等周圍窺伺我們的弱點，

想再利用我們同胞互相反目的機會，從中取利，此點我等務須注意。第二光復之事業，尚未完成，因我等今日不過始入光復之第一階段而已，光復之最後階段，尚待我等奮鬥努力，以期建設富盛美滿自由之新天地，所以我說光復尚未成功，同志仍須努力。

陳儀在「臺灣光復慶祝大會」的講詞

《臺灣新生報》一九四五年十月二十六日

各位同志：

今天是本人到臺的第二天，能夠參加這盛大的慶祝大會，眞是十分高興。這慶祝大會在中華民國歷史上是有重大的意義的，和一般的慶祝不同，所以不但是本人，就是在場的諸位，對這慶祝大會應該都有特別的感想。今天因限於時間我不想多說話，我感覺大家要注意的是：臺灣的光復，並不是偶然的，臺灣的光復，曾經付過鉅大的代價，曾經有過鉅大的犧牲。所以在慶祝臺灣光復的今天，我們必須紀念並且感謝爲光復臺灣而曾經付出代價，而已經犧牲的無數的人們，沒有他們，臺灣是不會有今天的。如果沒有　總理及許多同志提倡三民主義實行革命，如果沒有　總裁領導全國八年抗戰，如果沒有盟國特別是美國與我們共同作戰，如果沒有臺灣同胞在五十年中不斷地對壓迫反抗犧牲身家性命，諸位想想，臺灣會光復嗎？會有今天嗎？

臺灣今天是光復了，從今天起，所有駐紮臺灣的日本陸海空軍，都要遵照中國政府的命令，徹底解除武裝，所有日本在臺灣的行政產業等機構以及其他財產，都要很完整的移交給我們中國政府，以待分別處理。在這個期間日本官民，自然應該遵照中國最高統帥蔣委員長及本長官的命令，忠實的完成其未了的任務，不得陽奉陰違。一般日本平民，亦應自肅自誡不得有違法行爲，否則本長官當依法處辦。

至於我們一般官民軍人對於日本人，除了日本戰爭罪犯及不法奸徒，我政府當依法嚴辦外，大家應該仰體　蔣委員長「不以怨報怨，□樂與為善」的大方針，拿中華民族固有的大國民風度，促其悔悟反省，不得有非法滋擾或無理報復的越軌行動，否則本長官查有實據後亦要予以法辦。這一點在這個過渡期間是要大家特別注意遵守的。

其次，本人現在要特別提出的，是到臺的文武官員士兵，不得使用法幣，因臺灣另有一種幣制，與國內不同，現在臺灣雖已光復，成為中國的一省，但因臺幣與法幣的價值不同，在臺灣新幣制尚未確定及臺幣與法幣的兌換率尚未規定以前，本人業已請准中央，臺灣暫時還是使用臺幣，而不使用法幣。現在到臺的人員，已漸漸的多了，也許有些人還不知道這種辦法。所以我今天特別說明，我們到臺的一切文武官員士兵，決不許使用法幣，如有強迫使用情事，不但希望人民不予收受，並希望人民隨時報告行政長官公署，本人必定予以法辦，這一點，希望到臺文武官員士兵，切實遵守。

臺灣今天是光復了，但為得達成無數為光復臺灣而付出代價而犧牲的人們的期望，為得使全體臺胞解除五十年壓迫的痛苦，而享受相當的福利為使臺灣成為三民主義的新臺灣，對內足以告慰全國人民，對外足以對得起盟國的協助和願望，我們需要繼續不斷的努力。我們此後的工作是很艱鉅的，我希望全臺同胞必須要重視這光復的價值，一心一德，為三民主義努力，為建設新臺灣努力。

受降觀禮與慶祝光復

《臺灣新生報》「社論」
一九四五年十月二十六日

昨天陳長官在臺北公會堂接受安藤利吉大將的投降，儀式隆重而嚴肅。由受降簽字起，臺灣主權正式的歸宗祖國了。許多人在會場上，感激涕零，回憶五十年往事，像一場夢，一旦醒來，說興奮也不是，說安慰也不是，應清算的歷史被清算了，我們只覺得幸福與感謝！

臺灣受日本統治半世紀，非無進步。日本對臺灣慘淡經營多所建樹這是事實，但那是另一回事。日本指導臺灣最高的原則錯了，它希望同化臺灣，並以臺灣為南進的航空母艦，此一原則，一面違背了民族自決政策，致使五十年設施，徒費精力。另一面，因貪慾過度，向中國大陸及南洋作非分的發展，結果招致可悲的敗亡，這實在是日本民族的不幸。追溯根源，可謂日本缺少偉大政治家。如在他國，這班誤國的領導者，必為十目所視，十手所指，在日本，也許有人不服輸，有人以為若干年後可捲土重來，對失敗教訓，尚缺正確的認識。參加今天受降典禮，感慨無量。上面兩種想法，無疑是錯誤的，我們要向在臺日人進一言，國家與個人是兩個不同範疇。我們仇恨日本國家及其政策，未必即仇恨日本人民。假使日本人民悔悟並反對本國統治者的侵略行為，在私情上，當然還是我們的朋友。對朋友不可不盡忠告的責任。第一、在臺日本人，應忠實履行投降條款，這不是恥辱，是光榮的，日本國家元首及其軍政官員，已完全降服「大廈已傾，狂瀾既倒」臺灣不過是一個渺小的局部問題在臺日本人的命運已決定了，假使有一日人違抗其本國命令。或陽奉陰違，企圖阻撓中國的接收工作而破壞日本的國際信義，實於日本有害無利，必不爲安藤大將所容許。第二、投降對在臺日本人，當然是一種懊惱事件，但嚴格說，這經驗是可貴的，過去日本民族最大的毛病，就在許多人不知道失敗，而妄自尊大，語云『驕必敗』又云『滿招損』現實無情，對抱優越感的那些人提出修正了。眞理不僅在『人生而平等』也在每個民族都有同等的智慧。我們希望在臺日本人服膺眞理，不必悲哀，也不可傲慢。第三、臺灣問題的解決，爲清算中日關係的一環。日本人應趁此機會重新認識中國。中國已非『吳下阿蒙』。以前日本認識中國，大概都是見樹不見林，見近不見遠。今後還有重踏覆轍的可能，我們非常誠意的希望在臺日人把眼光放遠，不對的觀念，要徹底滌除。

說到光復，我們的心理，自有壓抑不住的歡樂。『否極泰來』臺灣所以有今天，實乃祖國無數災難換來的果實，臺灣同胞所受的痛苦，尤其深重，但我們應該警惕，與自強不息。若快樂而不努力，或得意忘形前途還是危險的，天下沒有僥倖的事。僥倖得來的東西最不可靠。譬如說，現在中國是強國，臺胞乃強國之民，我們一定要使它名符其實。每個國民都要做到很上品，很健全和世界一等國民比較毫無愧色。否則我們的身分地位飄搖不定，是架空的，假使我們不能努力使中國眞正富強，今天所慶祝的光復臺灣，無人能保證永不再失。假使臺灣光復沒有比不光復更進步，更繁榮，也會減削光復的意義。失掉光復的光彩責任放在在臺官民身上，從昨日起，無論那個人，都應感覺責任加重了。臺胞們，前日我們是奴隸，今天我們是主人，做了主人責任加重了。

昨天受降與慶祝，僅爲和平的起點，要和平永奠。非願日本人徹底覺悟及臺胞加倍努力不可，我們希望中日兩民族，接受歷史的教訓，向光明之途前進。

五、光復後教育、語言

臺灣教育之再出發

《臺灣新報》「社論」
一九四五年十月十六日

「玉不琢不成器，人不學不知識」這是我們的聖賢給我們千古之遺訓，人之與動物之不同，當然有種種之點，但是人被教育之可能，這是人類有文化有歷史之最主要的因子，人以外的動物沒有歷史，沒有文化，這是因爲他們沒有被教育之可能所致，人類的歷史與文化，自悠遠的古代至現代，而自現代再至無限的未來，好像長江的水一樣不斷地流著，所以我們要理解，自己民族之歷史與文化，只有靠教育以外絕對不可能，一個民族的隆盛，一定要經過徹底教育之必要，這是歷史告訴我們的事實，古昔之斯巴達如是明治維新以後之日本亦不外此例，此次中國戰勝於日本，亦是蔣委員長所領導之抗日教育徹底之故，由此觀來，教育之重要，可說政治上最緊要之事無疑，陳行政長官在其未蒞臨以前，竟發表關於臺灣的教育，須要特別努力之談話，這使我們非常欽佩，臺灣自割讓給日本以來，日人對臺胞所施之教育，當然有可觀之點，但其根本方針，特別是爲消滅我們的民族歷史，文化這一點，非常使我們痛恨日本之臺灣教育，不外殖民地教育之範疇，由來帝國主義之殖民地教育之根本方針，可舉左列諸點：

一、養成幫助統治者之奴才範圍之人材。

二、爲使崇拜統治民族，使其忘去自己民族之歷史與文化。

三、以宗教□日本是用所謂神道主義——來消滅被統治民族反抗之心理。

這三點的根本方針，無論任何底帝國主義國家之殖民地教育，都是共通的東西，莫怪後藤新平，對臺灣教育，曾放言以無方針爲方針之一事，這不是他沒有方針，就是他不便說臺灣教育，眞實底方針而已，不但教育之一面關於任何底方面，日本的帝國主義者，都不能向臺灣民眾說出眞實的話，因爲臺灣之統治，完全站在嚴厲之搾取上之故，然是臺灣業已光復，重歸祖國臺灣的同胞亦和祖國的同胞一樣，能受眞正的民族教育了，我們的民族教育當然不是以狹隘底民族主義來爲基礎，要以三民主義中之民族主義來做標準，臺灣因爲被歪曲五十年間之故，現在之青少年，都深受所謂之日本化，使他們的性格，發生一種很可嘆之狀態，但是我相信此種之歪曲，可以在短期間來掃滅，因爲我們的青少年，無論那一個人都沒有完全失去民族之精神，這是八月十五日以來可以證明的，但是從來之臺灣教育，只有科學教育與日本化之教育而已，所以在這臺灣教育須要再出發之時候，臺灣之教育特別要注重左列之諸點：

一、徹底使理解中國之歷史與文化，來恢復民族之性格。

二、養成民族自尊之精神來掃滅過去之卑屈態度。

三、使理解中國革命之歷史與意義，來完成三民主義的民族國家。

四、振興實用之科學教育來供給新中國建設之技術人材。

五、注重婦女之教育，來養成健全之母性。

六、開始失學同胞之識字運動，來造成憲政，施行地方自治之基礎。

七、吸收國際智識，使其理解世界之情形。

由此觀之，臺灣之教育有帶著特別重要之點，其指導人材亦須要十分人選，不可再起用所謂腐朽人材也。

教育與民族精神

《臺灣新報》「社論」
一九四五年十月二十三日

夫教育是國家命脈，此近代國家之常道，自不待言，所以陳長官治臺第一聲，就提倡教育爲首，蓋當然也。國父曾說，救中國，使中華民族永遠存在之原動力，是民族精神，而民族精神之涵養，實在教育也，故教育家須備有民族精神，方可執行教育，不然恐不見其效果也。

觀夫過去五十年間之日本教育，強驅省民日本化愚民化之目標，極力銷磨民族結合之重大要素言語、生活、宗教、風俗、習慣等也，甚至百尺竿頭。再進一步，民族精神殆將抹消也，此異族執教育之利害，可不警哉，從此以去，果若注重省民之教育，喚醒民族精神，則現在教育界上之日人日語，絕對不可再用，方可完成。

或論學問上無國境，日人學者亦可以留用，殊不知培養民族精神有阻害也，又論日人學者全部退場，則學術程度必招低下殊不知敗國之民，無心向學，誰能保其不退步乎，何況同胞之中，在來忍受許多逆境妨害，現出不撓不屈之精神，孜孜研鑽者，濟濟多士，鬱積於草野，此時不伸其才學，則國家損失也重且大。

又讓一步，技術上必需外國人士，則寧可求英米之精巧，無傭敗北之科學也，又論利用日人學者，是暫一時之關係，此恐墮其術中，現在日本帝國主義者與軍閥雖稱消滅，或者藉文化美名，潛行其侵略，亦未可知，此應嚴重警戒也，此種帝國主義之常套手段，欲絕其潛入機會，上敘之策，俱不可用也，況且在臺日人多數對於中國無確認戰敗事實，以為對中國不過停戰一時而已，故其口頭雖稱中日親善提攜，其實，暗中欲保有臺灣之勢力，計策將來之侵略，如此欺瞞氛氣濃厚之際，斷然霹靂一聲，根本改革，是國家百年之大計也矣。

如何促進臺灣文化教育

宋斐如

《人民導報》一九四六年一月十一日

諸位同胞，諸位父老，兄弟、姊妹、本人離開臺灣二十四年，返臺亦已三月，今日始得機會來和全省同鄉談話、覺得抱歉、又覺得慚愧。今晚想向諸位談的話、只是改進臺灣文化教育的一點小意見。因爲關於臺灣的施政方針及設施經過、陳長官、葛秘書長、以至各處會主管官、皆已有詳盡的指示，用不著本人再來重複、今晚只提出臺灣文化教育上的一些問題、供給諸位同胞研究、參考罷了。

在講述改進辦法之先，應先分析客觀的現實。原來、臺灣是漢明的正統、只因爲離開祖國五十年的結果、致使文化正統起了變化。臺灣受日本奴化教育及皇民化政策薰染的結果、其文化內容變成非常複雜、既不是純粹漢明的正統、但也不是純粹日本式的文化、在日本和服之內、還保留著一些漢裝。這是日本奴化教育強制下、臺灣同胞的民族精神頑強抵抗的結果、不能不說是一種可歌可泣的燦爛的成績。五十一年前、日本帝國主義想佔領臺灣、滿清又以「臺抗京危」的口實、勸告臺胞接受日本的統治。其後日本統治者更以槍砲政策壓迫臺胞、運用皇民化政策，想自臺民的衣、食、住、行各方面奴化臺灣同胞。固然也有小部分御用紳士曾經企圖接近日本統治階級、日本也向世界誇稱其治臺成績優良、但是大多數臺胞始終厭惡日本的風俗習慣、文物制度、譏之曰「四腳文化」。日本文化的優劣問題及應如何取捨問題、不是今日廣播上要說的話、不過總而言之、受日本蠻橫統治五十年的臺灣文化、至少有幾點值得我們注意：其一、在日本奴化政策所干涉、壓抑、禁絕之下、漢明的正統文化、自然停滯於五十年前的地步、所以沒有趕上祖國五十年來的進步。其二、日本對於臺灣採取殖民地文化政策、殖民地以上的學問和事物、是不能給臺灣人民學習的、所以世界五十年來的進步、臺灣並沒有充分吸收進來。其三、日本統治者一向的文化設施、目的只在使全國人民得以了解或接受統治者的法令和指揮、簡單一句話、日本對於人民所施文化教育、還是「民可使由之、不可使知之」的宗旨。臺灣是日本殖民地、更不能例外。

臺灣因爲受到上述三種影響的結果、其文化的發展、自然走入不純的歧路。即令我們不能說臺灣五十年來的文化完全停頓了、至少可以說臺灣的文化確是一種畸形的發展。臺灣省民自已或許有人誇稱臺灣教育相當普及、臺灣的物質文明也已相當建立。但是我們仔細想看吧、上層的精神文明不是還在荒蕪中嗎？中等以上的教育、不是給少數住民的日本人、佔去了絕大的比率嗎？我們若再具體分析臺灣各方面的實情、則更可以證明吾人的立論不爲虛構。第一、臺灣初等教育雖然較爲普及、但是受過教育的人材、很少有運用學識的機會。受過高等教育的人、那裏有幾個得以使用他們的高級學識呢？臺灣那裏有大政治家、大教育家、大文化工作者？第二、臺灣雖然也有大學及不少專科學校、但是那裏有文科、法律、政治、經濟、教育、心理、乃至哲學的合理施設？只有爲個人生活開一方便之門的醫學界，稍爲發達罷了。第三、臺灣一向沒有足與世界比美的文化運動、即如祖國「五四運動」一類的活動、從沒有發生過、具有世界史意義的文藝復興運動（Renaissance）、更不消說了。即有一些三流以下的日人文化活動、但這又文不對題、臺灣人也沒有普遍的反應。第四、臺灣工業及科學雖也相當發達、但尚不能自滿、臺灣工業猶停滯在食品生產的低級範圍、紡紗織布工業還不能自立，機器生產等重工業、更只是近年的萌芽而已。臺灣工業發展的前途、還非常遼遠。莫怪美國人「今日之臺灣」著者、批評臺灣工業並未發展。

然而上面分析，並不是拿來證明臺灣人頭腦低能，或無志氣上進，只是說明應該充分發揚光大的臺灣文化，因爲日本統治者五十年來的壓抑與干涉，致使停滯、衰弱、走入岐路罷了。從上面的分析，我們才可以正確認識臺灣文化的正體，同時也才可以對症下藥，考慮如何改造臺灣文化教育的問題。

今日，臺灣文化教育的改造問題，和國內新收復區，自有根本不同的地方，絕對不是表面的，事務的，或單純接收的問題而已。實際上最重要之點在於本質的改造，正統的接續，世界新文化的灌注。從此原則出發，臺灣今日的文化教育改造的重點，應該放在下列各點，也可以說是三大原則。

第一、應該教育六百萬臺胞，變成「主人翁」。臺灣同胞受日本統治者五十年的壓抑，差不多可以說「去了勢」，即在光復後的今日，陳長官再三指示給我們「臺灣已經是主人」，但是臺灣人在許多方面還不能發揮主人的權能、遇事非常畏縮含糊，主管一件事又不能指揮處置裕如。至於如何學作主人的方法、一面固要臺胞自覺自發，一面又要靠文化界教育家的啓蒙指導應擬。具教育臺胞成爲中國人。臺灣只在日本教育下保留一點兒中國的舊文化。

第二、舊文化、故須灌注國內各方面的學識及常識、使「歸宗」二字名符其實。但同時還要教育臺胞能辨別是非眞僞，使得擇其善者而學之，其不善者而棄之。世界上眞理只有「近眞」的程度、決無絕對的眞理、「善」的本身，也具有發展性。況祖國也在發展過程中，我們必須教育臺胞跟祖國進步而進步，我們的古訓說得好；「苟日新、日日新、又日新、作新民」就是今日臺灣教育及學習者的指針。

第三、應該培養臺胞成為「世界人」。一向臺灣爲島國，又爲日本統治者所限制，所壓抑，所以眼光常是短小近視，眼光狹小的只顧到自己一身或一家，眼光較遠大的人，視線仍不出臺灣島外，很少考慮全國、全世界、全人類的問題，或想到後世百年的大計。六百萬人不能團結，一家之中不能和氣，都是這種「人生觀」的具體表現。這當然也是受日本「盆栽文化」影響的結果（日本社會評論家厨川白村氏對於日本盆栽文化，曾有嚴厲的批評，請讀「苦悶の象徵」及「象牙の塔を出で」），但是此種人生觀必須改造，必須改變。我們教育者應以長江大河，五岳長城的雄壯觀念，灌注給臺胞。我們應把日本風景的纖秀觀念，從臺胞腦中洗滌乾淨。臺胞也應該自覺自悟，勇敢敢接受新的潮流，新的人生觀。

今晚只就臺灣文化教育的改造，舉出三大原則，臺灣文化人及教育，能從此三大原則去擬訂實施辦法，相信不會有大錯誤。臺胞也必須從此三大原則去學習作人、作主人、作中國人、作世界人、然後才可以由歧路走上正軌，然後才可以避免「井底蛙」之譏，然後才不會變成時代的落伍者。

今晚只列舉臺灣文化教育改造上的原則，至若改造文化教育的實施辦法，可以讓文化工作者及教育技術家，或事務人員去擬訂，這裏暫不具論。

奪還我們的語言

楊雲萍

《民報》

一九四五年十月二十二、二十三日

日本明治二十八年、臺灣總督樺山資紀率領軍隊來佔領臺灣的時候，一行中有位伊澤修二。他就是所謂「學務部長」，他得負著臺灣的教育方面的伊澤在當時是日本有數的、或也可說是數一數二的教□□□□□□得他著有「教育學」一書、頗得時譽。可見他們是何等地重視臺灣的教育。此後五十年間、我們臺灣的人們所不得不忍受「教育」、就是由他規模的。

對臺灣的教育、伊澤第一的「大精神」就是決定用日本語來教育、不或者可說只爲教授日本語才教育的、這「大精神」、五十年間不但沒有更改、而且變本加厲。凡是他們的關於臺灣教育的著述、言說、如「臺灣教育史」、「芝山巖史」或其他的文章講演之類莫不誇耀這點而特說大書。

在這裡、筆者想起一則「故事」。同年的十月、伊澤隨伴樺山到臺南、是想要調查過去的臺灣的教育、和設法臺南地方開始「新教育」的事宜。那時伊澤去訪問英國宣教師巴克禮博士。巴博士不只是個敬虔的宣教師而已、他是位篤學的學者。他關係臺灣的文化頗大、細詳擬在別稿再說。他同情著劉永福將軍、所以對於伊澤的來訪、疑他是偵探、不很願意會他。因爲伊澤說他自己在日本、已聞及博士的事業、此次是意要親自受教的云云。□□巴博士才會他。會談中、巴博士主張對臺灣的教育、切不可用本語、要用臺灣語才行至於漢字因爲難於學習所□臺灣語要用羅馬字「白話字」伴寫。對此意見、伊澤說雖感謝巴博士的忠告、可是他老是不改變他的決心和主張。這則「不改變」的故事、總又得到後來他們的教育家、教育史家們的讚賞了。（參看井川直衛氏著「巴克禮博士之形容」和載在「語言與文學」第一輯的志保田、國府兩氏稿「在臺灣的國語（日語）教授之變遷」等。）

對於巴博士和伊澤之意見的是非、我們沒有縷縷的必要。原來伊澤等根本地就沒有想到要教育臺灣的人們，使之定成人格、只想消滅臺灣人們的語言、隨之消滅一切的歷史和文化、使其成爲「大日本帝國」的順民、奴隸而已。

伊澤的「大精神」、後來不只沒有更改、而且變本加厲、已如上述。今日有受過「公學校」（後改爲「國民學校」）以上的所謂教育的人們、一定經驗過「日語」教授的何等地嚴重、何等地沒視學習者的人格。在學校裏、除去初入學的少數以外、一率不得使用臺灣語。偶一不愼、說出一句或半句的臺灣、普通立即被記過一次、有的受肉體的制裁。還有些喪心病狂的教師、製作「犯罪章」、強制使不愼說出臺灣語之兒童掛在胸間以辱之。

然而此不僅在學校裏而已、他們的所謂「社會教育」、也是以教授、普及日語爲第一的宗旨、最高的目標。試翻開臺灣總督府文教局社會課所梓行的「臺灣社會教育概要」（日本昭和九年二月刊）看罷。「總說」之後、第一大書特殊的就是「國語（日語）普及」的事項。此書說、「本島國語教育（即教育日語）的濫觴是在芝山巖學堂對本島兒童及青年施以國語（日語）的教育始。爾來一切之教育施設、即以國語（日語）的教育爲教育之中核。」云云。所以社會教育、不消說也以教育日語爲中核。只看它的殿罷「日語講習所」、「簡易日語講習所」等千百各所的施設以外、還有種種的施設。例如「全島日語講演會」(有時總督閣下竟惠□臨席)、「日語普及的廣播」、「日語普及功勞者的表彰」、「愛語章的受予」、「日語日的制定」、「日語常用家庭的表彰」(後來制定所謂「國語家庭」、對此認定之家庭、予以種種恩典。)「日語村的建設」及其他等等、眞是更僕難數了。以上是日本昭和八九年的狀態、爾後的變本加厲、自不待言。直至這次大戰爭起、因忙於戰事、種種施設有些放鬆、可是根本的,全沒有絲毫的變改。(後來不僅把一切中國文的定期刊物禁止、此一二年來連中文的書籍、雖歌他們的功頌他們的德、也大部分不許出版。)

至於社會上、因不會說日語、而受了非道的待遇、我想不論那一位的小百姓、沒有不飽嚐的。我敢說、日本統治臺灣的五十年間、一切的教育施設文化施設的百分之九十五、政治施設之百分之五十以上、皆爲著教授、普及、強制日本語而存在的。你們或者以爲我說的過勁嗎?那麼你們試想一想、在今日他們算是已「完了有終之美」了、而殘留下的有甚麼嗎?

事實上、日本統治臺灣的最大成績、就是造成許多的兒童和青年、忘記了他們的「母語」最少忘記了一部分。臺灣光復、河山依舊、而事物有全非者。全非的事物之中、要算這件「語言問題」爲最嚴重、最利害的。試舉一個例罷有一回、某大學和某高等學校的臺灣的學生之集會上、有人提議十分間禁止不許說日語、要一□用臺灣語發表意見、可是不至五六分間即紛紛請求寬禁。再舉一個例罷某中等學校的高級生、不能正確發「不」字和「知」字等最通行的字音、比比皆是。語言學者說、人們任是怎麼學習、除去「母語」之外、是不能充分學習到的。而且人們用「母語」發表意見、表現感情時、才得眞實的愉快。何況此問題、不僅是所謂「語音」的問題而已、實關於「民族精神」之問題。

我們要奪還我們的語言!

國語問題

《新生報》社論
一九四五年十一月八日

由祖國來的人，因講不通臺灣話，對臺灣頗感有異國情調。臺灣同胞多數不懂國語，從前稱國語爲『官話』或『正字』，因此對講官話的人，也產生了一種敬畏的感情。甚矣語言隔閡之病！大家身上流的都是漢民族的血，但我們相對啞然無言，好像碰見外國人一樣。

其實，感覺不便是一回事，對國語與臺灣話的見解又是一回事。語言不通，誠然不便，但在祖國也有此不便。譬如北方人到上海或上海人到廣東，還不是一樣的講不通。馴至一省之內，有多種方言，彼此都講不通，我們可對不同方言的同胞，加以歧視嗎？不可以的！所謂臺灣話——福老話，實際就是閩南話，有許多人不知道，以爲臺灣話不出臺灣省外。其實，講這種方言的人，除閩南外，浙江的溫州，廣東的潮汕以及海南島，都屬於同一語系。南洋華僑操閩南話者佔十之七八。另一種臺灣話——客話，在國內也有很大的勢力，福建西部，廣東北部，江西及長江流域都有講客話的客家人。總而言之，臺灣話是中國話的一種，完全是中國話，我們這種話，比中國國語所帶漢族的古音更多，訕笑『蠻南鴂舌之人』是錯誤的。

但是我們應該學習國語（這裏所說的國語，即北京語，不是日本話）爲什呢？中國通用國語的人口最多。面積最廣可以說，已通用全國，做一個中華民國的國民，自然應該懂得國語。不僅臺灣人要學國語，福建人，廣東人也在學著國語。如果你能操流暢的國語，你在中國大陸做事或旅行就非常便利。臺灣同胞如有志報國，應到大陸去。臺灣島內只是一個很小舞臺。說到這裏，也許有人要問。那麼學習國語容易嗎？實在很容易！理由如下：（一）國語與臺灣話的語法相同，文字相同，不過發音變一變而已。日本話是一種外國話，組織及文法和臺灣話不來，學起來較難，學國語容易多了。（二）臺胞都受過教育，雖所受的是日本教育，但日文裏面的漢字，意義十九與中文同。既識字，學發音就容易了(三)臺灣話一福老話的音素之多，冠全國各種語系，以此音素學他種語言，容易不過。換言之，我們對語學可以自信，我們有祖傳的天才。

最後我們有兩點簡單的希望：（一）教授國語不可以征服者的態度出之，強迫接受國語並無必要，臺灣同胞會自動學習的，我們相信在一二年內臺灣國語便可普及。（二）學國語者不可抱做官心理，爲巴結官吏而學習國語也是不對的。我們希望學習者把國語當做一種日常必需的工具，每個國民都有學習的義務。國語是我們自已的語言，要懂，懂是應該的，並不光榮，不懂也不是可恥。政府對臺灣話不會禁止使用，或企圖消滅它，因爲臺灣話也是一種有國魂的中國話。

由國語推行談臺灣收復

齊鐵恨

《臺灣月刊》一九四五年十一月創刊號

自從今年（一九四五年）八月，日本天皇接受「波茨坦宣言」表示投降之後，這幕驚天地，泣鬼神，轟轟烈烈的第二次世界大戰，方才告終。我中華民國抗敵禦寇，八年犧牲的結果，獲得最後勝利，收復從前所喪失的土地人民及一切財產權利：這是多麼值得歡慶的事！

講到土地人民，失落最久的，要算是臺灣這片國土了。臺灣自「甲午之戰」（一八九四年），清師敗績，乙未成立和約，正式割讓於日本。至今已經足五十年了。常聽前輩先生們講到當日的情況，莫不嘆息痛恨滿清政府的昏弱無能，忍心割捨若干萬土地人民，不知顧惜；引起倭寇鯨吞蠶食的野心，招到豆剖瓜分的危險。

從此有識之士，憂及危亡，國施挽救，都知道富強的基本工作，先要推行教育；而中國文字的繁難，語言的複雜，實爲最大的障礙。於是想到創造字母，統一語言，以爲團結人民，推行教育的最好辦法。當時的主張，除了採用「羅馬字」和「片假名」之外，還有幾種新造的字母，其中以王小航的「官話字母」和勞玉祈的拼音「簡字」推行南北爲最名。

此後，興辦學堂，開通智，奏定章程有云：『各國語言，全國皆歸一致，故同國之人，其情易洽，實由小學堂教字母拼音始。中國民間，各操土音，致一省之人，彼此不能通語，辦事每多扞格。茲擬以官音統一天下之語言，故自師範以及高等小學堂均於中國文一科內附入官話一門。』從此可見清朝末年已經著手作統一語言的工作了。

中華民國成立之初政府鑒於統一國語必先從統一讀音入手，特開讀音統一會於北京。由教育部召集全國二十二省，蒙古、西藏、華僑各代表，並請音韻學專家等，七十九人，開會審定七千二百個漢字的法字讀音，並製定「注音字母」三十九個。

民國六年，全國教育聯合會在杭州開會時，議決請教育部規定國語標準並推行注音字母，以期語言統一。

民國七年，教育部令國立，各高等師範學校附設國語講習科，傳習注音字母及國音，以養成各省國語教員。同年，十一月，公佈注音字母，令全國人民傳習推行。

民國八年，全國教育聯合會在山西省城開會時，議決推行國語辦法六條，請教育部採擇施行：

一、全國師範學校一律添授國語科，並依據國音字典教授注音字母。

二、各縣勸學所及教育會，利用寒暑假時間，設立國語傳習所，召集本境小學校教員，一律傳習國音；並依據國音字典補習注音字母。

三、各省檢定小學教員辦法，應加入「通習國語及注音字母」一項。

四、國民學校國文教科書應改用國語，高等小學國文教科書應言文互用。

五、各省區教育會應設國語研究會。

六、提倡國語編輯國語辭典，國語文法，國語會話等書。

民國九年，教育部國語統一籌備會設置成立，以爲常設機關，並行文各省區，各設「某省（區）籌備國語統一會」。教育部通令全國國民學校，一律改國文爲國語，並令首先教授注音字母。教育部開辦國語講習所以培植師資。從此各師範學校，各省教育廳，以及各縣勸學所，教育會亦多開辦短期國語講習所，本年，教育部正式公布國音字典。

民國十年，教育部行文各省，凡師範學校及高等師範，均應酌減國文鐘點，加授國語。又行文各省，凡國民學校另組織國語研究會。

民國十一年，多數學者，鑒於「方塊漢字」的難學難寫，提倡拼用羅馬字母，特由於國語月刊，發表漢字改革號及字母研究號兩個專刊，引起全國的研究討論。

民國十二年，教育部國語統一籌備會關裏，組織國語羅馬字拼音研究委員會，從事研究國語羅馬字母的拼音應用。至民國十五年，印成國語羅馬字拼音法式一小冊，由教育部國語統一籌備會布告通行。

民國十七年，國民革命軍統一南北，奠都南京時，中華民國大學院電請錢玄同黎錦熙爲國語統一會籌備員，仍以舊教育部爲會址。該會印成國音字母單張，將注音字母（定名第一式）與國語羅馬字（定名第二式）對照爲表，佈發全國。後經大學院正式公佈國語羅馬字拼音法式，以利推行。嗣附：國音字母簡表

經教育部令改該會爲國語統一籌備委員會，積極進行國語統一事項。

民國十九年，中國國民黨中央執事委員會第八十八次常會議決，改「注音字母」名稱爲「注音符號」，並決定推行辦法三項如下：

一、令行各級黨部，使黨部人員一體採用，以增宣傳黨義上之便利。

二、知照國民政府令行各機關人員，應一律熟記，藉以為周察失學民眾疾痛之助。

三、飭教育部令行各級教育機關，師生皆應傳習，協力以助民眾補習教育容易進行。

隨即通令各級黨部遵行，一面函知國民政府照辦。國民政府即訓令行政院及直轄各機關一體遵照辦理具報；並飭教育部將注音符號論法編成傳習小冊，轉呈核辦。行政院奉此，即分令所屬各機關，並飭教育部『即便轉飭所屬及各級教育機關分別遵照辦理，並編具注音符號讀法傳習小冊送院，以憑轉呈核定』。教育部奉此，即於部中組織注音符號推行委員會。並開辦注音符號傳習會，函請中央黨部各部會處，……推廣。教育部制定各省縣推行注音符號辦法二十五項，咨行各省市政府，並令各省市縣教育廳局遵照辦理。此令通行全國之後，中國國民黨中央執行委員會宣傳部復佈推行注音符號宣傳要點六條。國語運動，由國家最高政治機關下令，督促推動、大有雷厲風行之勢。

民國二十年，在我推行國語，團結民族之時，日本忌我盛強，發動侵略，自萬寶山事件開端，繼以「九．一八」佔據瀋陽，「一．二八」進攻上海。經我政府再三忍耐，與之訂立協約，以圖息事甯人。而培國本。

民國二十一年，國語統一籌備委員會重修國音字典，改編為國音常用字彙，呈由教育部公佈，以資應用。從此明示標準地方，即用注音符號與國語羅馬字，指定聲調，不令□淆。原呈有云：『際茲國難方殷，民族精神，亟宜統一；民眾智力，尤應啓發。國音確定，則語言可同而情感互通，官域斯泯而精神易結；文學注音，則識字自易而施教能廣，文盲悉除而智力日增。…請依舊例，迅予公佈。俾此後教育，交通，工商各界，一律用此審所定國音為注音習語之標準，以資統一而利推行。』

民國二十六年，東鄰日本，得寸進尺，以爲予取予求，如彼其易也。遂百端肇事，尋覓藉口。而「七七」蘆溝橋事變爆發，繼以「八·一三」並攻上海。彼既依其「田中奏摺」已定之國策，逐步實行，「南進」「北進」，直欲征服世界，不獨吞併中國而已。我國遭逢大難，民族團結，共禦外侮，以圖生存，政府西遷，抗戰愈烈。八年以來，對於軍事外交，固有空前之成績；而於內政教育，爲適應戰局更多所設施。於推行國語，教授注音符號諸事，三令五申，益加策□。由是民心團結，努力禦寇，卒以取得勝利，恢復國土。對於臺灣同胞之回歸祖國，尤注意其國語教育。今者，臺灣同胞，歡心鼓舞，接受政令，組設會所，以謀團結：講習國語，求供應用。不鄙謂余，爰及下問。因爲略陳我國數十年來推行國語之梗概，供諸同志之參攷云爾。

北平，齊鐵恨，國慶日書於上海清心女子中學校。

語文第一

公明

《臺灣新生報》一九四五年十二月二十二日

關於國語問題，兩天前本報發表過一篇社論，昨日姜琦先生又發表一篇文章，可見這問題是相當重要的。因爲這問題頗重要，我所以也要說幾句話。

國語國文的應提倡，其理由應該盡人皆知，不待詳說。任何一個獨立國家如果有固有的語言文字，沒有不用固有的語言文字的，國家要保持獨立，必須人民先愛國保國。人民怎樣知道國之可愛呢，先須知道國家的歷史，知道國家的文化，而歷史與文化的記載要靠文字。文字不通，即不易了解歷史與文化。人民怎樣能保國呢，首先須團結，而要團結，必須人民相互間，能交換意見能溝通情感，這兩者就要靠語言，語言不通，彼此如聾如啞，怎樣能團結呢？因爲語言文字是愛國保國的要素之一，所以要亡人國的，必先亡其語言文字，即先亡其愛國，保國的要素。日本統治臺灣，要強迫臺灣同胞，學習日本語文，不使學中國語文，是一個很明顯的例子。所以光復臺灣，不止光復土地，光復主權而已，又須光復臺灣的語言，臺灣的文字，如果臺仍就用日本的語言、文字，臺灣不能算是完全光復，眞正光復。

臺灣光復以後，是中華民國的一省，與中華民國有密切的關係。中央政府發布的命令、文告等：各地方所編印的日報、雜誌臺胞都是應該知道，閱讀的。但國文不通，就無從知道閱讀，而且各省的同胞，以後會常到臺灣來。臺灣的同胞，也會常到各省去，本省人和別省人之間，如果語言不能通，那末交往就很困難了。臺灣的光復，是把臺灣復歸到中國，並不是臺灣的獨立，所以臺灣人和各省人，因爲同是一國的國民，彼此都是同胞。同胞是應相親相愛，相輔相助的。而親愛扶助的前提，是語言相通。語言不通，意思情感，極易隔膜，就會妨礙到親愛扶助。

以上所說的道理，是十分淺顯而沒有懷疑的餘地的，所以國語國文的應提倡，我以爲「該盡人皆知，不待詳說。」

我以爲對於國語國文可以說提倡是不必要，提倡是用不著，因爲大家根本沒有反對國語國文的。我們現在所最要緊的，是學習國語國文，是實行說國語，寫國文。也可以說，加緊普及國語國文，務使於一年半載之內，國語國文，能普行於全省，全省用不著日本話日本文。這一目的是有達到的可能嗎？只要大家認爲重要，大家努力去做，我想不是不可能的。

我以爲今日的臺灣，大家要認識這一點，語文運動第一，語文教育第一。既然是一中國人，如果不通中國文，不通中國國語，不但太不便，也太說不過去了。

怎樣加強語文運動以普及國語國文的教育呢，應該分三方面。

第一、在學生方面去推行語文教育，自小學以至專科學校，自現在起至明年暑假止，功課都以國語國文爲中心。每週國語國文鐘點可由十二小時至十八小時，一方面須隨時隨地實習國語國文。

第二、在公務員方面去推行語文教育。每一機關都設語文補習班。人數較少的機關，可與其他機關合設一班。每週上課時間，至少六小時。凡是不通國語國文的，都要入班學習。

第三、在民眾方面去推行語文教育，每一機關每一學校，都附設民眾學校，功課注重國語國文，凡是不在學校的民眾，都要入學校。

國語國文教本，應由教育處編輯，但各地方可以自由翻印，不過售價以收回成本爲限。同時，編印各種課外讀物。

師資呢，一面大量培養，一方動員已通國語國文的公務員教員等。

爲增強語文教育的力量，或在於長官公署設一臨時性的語文推行委員會來主持語文教育的一切事宜。

語文教育，不限於本省人。就是日本人，也可以要他們學習，以前日本政府強迫本省人學日文日語，我們爲什麼不要他們學中國語中國文呢，雖然我們不必用強迫手段。

學本國語文，究竟比學外國語文容易得多，每人每日學五句話，應該不是難事。但是學習六個月，就能說七百幾句話語，日常生活上，該能應付了，每日認識十個字，也應該是不難的。這樣經過六個月，可以認識一千八百字，看普通文章也已夠了。

語文的普及，並不是難事，我們如果認識他的重要，如果能照以上所說的辦法去做，我想半年之後，學校方面，學生一定能勉強聽國語的話，看國文的書了。至於公務員和民眾，也會以國語相來往，也會通粗淺的國文吧。

告女同胞

——在婦女聯誼大會講演辭

嚴秀峯

《民報》「新婦女」一九四六年一月十四日

各位親愛的同胞姊妹們，今天是本處——三民主義青年團中央直屬臺灣區團，招待全省婦女各界聯誼大會，也就是我們臺灣各地的婦女同胞第一次的「見面會」，因此在這麼一個具有歷史價值的集會，在我們內心的感覺實在是言語所不能形容的，應當萬分的興奮與高度的熱情，我相信在座的各位也一定有這麼一個同樣的感覺。

今天的聯誼會，主要的意義，一方面是慰問勝利後的臺灣女同胞們，一方面是由於這次聯誼會，希望以後我們互相之間，能在「工作」上多多聯繫「意見」上多多交換以作爲推展今後全臺灣女青□工作的基礎。

臺灣在日本帝國主義殘酷血腥的統治與剝削下。已經整整的五十年了，五十年來，敵人爲著要鞏固它的統治權。於是把整個臺灣，加以全面的封鎖，不讓臺胞與祖國的同胞，而尤其在祖國革命的臺灣同胞，能有聯絡與通訊的機會，敵人不讓臺胞知道祖國的情形，與國際的形勢它們要使臺胞們的頭腦，一天天的愚昧以致於麻木，然後他們才能在臺灣實施「愚民政策」「同化政策」以致於「皇化政策」，藉此來統治臺灣，收役臺胞，可是五十年來，敵人所得到的結果，究竟是什麼，我們的回答，是臺灣的土地是被征服了，物資是被剝奪於盡了，可是敵人却始終征服不了一顆「臺灣人的心」，這顆「心」裡面是流著漢民族的「血」，懷著民族的「仇恨」，由於這「血」與民族的「仇恨」曾掀起了與敵人生死剝奪的鬥爭，這是一個「血的鬥爭」也就是創造一部永垂不朽的臺灣民族革命的光榮歷史，這是我們全臺胞們的勞蹟，因此在敵人這麼兇毒的統治之下，臺胞們能在敵人的「刺刀」與「槍炮」之下，還能進行著這種革命的鬥爭，這種精神，實在是使得我們非常的欽佩與敬仰的，也是今天，我們要代表全祖國的同胞們，要向各位慰問的。

其次現在抗戰是勝利了，臺灣隨著祖國的抗戰勝利而自由解放了，可是勝利，僅只是民族上的解放，而如何建設與創造三民主義的新臺灣，這工作却是非常逼切而需要等待著我們去完成的，而這一個工作又是非常艱難，非一二個人或一二個月可以建設成功的，是需要比較長的時候，是需要大家的力量來共同建設的，這是每一個臺灣同胞的責任與義務，當然佔有全人數二分之一的三百萬婦女同胞也不能例外，我們常常聽到一般女同胞們的共同要求——我們要求婦女解放，不錯我們要求婦女解放，但如何來解放呢?我們知道婦女是構成社會的一份子，婦女問題也就是社會問題的一部份，我們要求婦女解放，就首先必需要社會的建設工作的如何來改造社會制度的合理完全這改造的責任，是繫負在我們婦女同胞與男同胞共同的肩荷上，但是我們決不能把這責任全交託與男子，我們更不能期待著男子們來替我們創造，而我們來享受，因爲這是我們自己的問題，是要我們自己來解決的，而只有自己來鬥爭，來解決才能得到婦女徹底的解放。

我們婦女，在封建魔王專政的壓迫下，已經有五千年的歷史了，五千年來，我們雖然是「人」，但却沒有做人的「人格」，我們雖然是社會的一份子，而社會上却沒有我們的「地位」，這是爲什麼，這是因爲整個社會的經濟基礎是操縱在男子的中心社會這是整個，社會的癥結，也就是使我們婦女同胞，永遠不能抬頭的唯一的原因，五千年來我們的生活經濟是依靠著男人，我們所過的生活是寄生生活，是依賴生活，是如何博得男子們喜歡的含淚恥辱生活，我們不是「人」是社會的裝飾品，是男子們奴隸與牛馬，可是現在歷史告訴我們，我們是覺悟了我們是女人，但女人也得要做「人」一個眞正人類的「人」我們要團結起來，聯合起來共同徹底來摧毀這封建勢力的枷鎖，這充滿著封建遺毒的社會惡勢，但如何來推翻，如何來改造，在這裡首先的先□問題，就是要有一個政治的方向，要在一個主義，一個組織之下，團結起我們的力量，共同來歸還這個主義，努力奮鬥這個主義，就是三民主義很明顯的，就是要建設三民主義的新中國或新臺灣，我們婦女才能得到眞正的自由平等，目前在臺灣，已經有三民主義青年團的女青年組織，我們希望臺灣的女同胞們，今後能集合至青年團的組織之下，共來爲全省婦運工作努力奮鬥，協力來推動臺灣全面的女青年工作，爲組織越多力量分散，意見分岐反於工作不利，今天我們臺灣的婦女同胞，既然有著爲全省婦運工作奪鬥的高度熱情，無自我的名利觀念，而在大的目標，即是我們的思想信仰是一致相同，那麼我今天以十二萬分的虔誠希望各位今後能在青年團的組織下，共同來創造臺灣女性的光明燦爛，與全省婦女同胞們的幸福利益，這是今天聯誼會意義的第二點。

最後，希望我們大家站在爲全臺灣婦女同胞們幸福奮鬥的道路上，讓我們緊緊的握手吧！

起來，姊妹們！

若　葉

《臺灣月刊》創刊號上海
一九四五年十一月

我們在日本帝國主義者的鐵蹄下，在黑暗的地獄裏苦鬥掙扎了整整的半世紀，我們被奴役，我們被鞭打，酷刑，我們被捆縛得不能動彈；我們流盡了血汗，我們力盡身疲，可是我們昂首不屈，我們的眼睛注視著前面，恨恨地咬緊著牙根，時與其肉搏，前仆後繼，打開我們的出路。

現在天確已亮了，晨曦照遍大地，坦路顯露在我們的面前，正是我們起程的時候，時代的巨輪不息地向前滾著，我們應該腳踏實地一步一步跟著它，建造我們的樂園——臺灣。

親愛的姊妹們！在兩重壓迫下的婦女們！我們應該站起來了製正在被壓迫者得解放的這當頭。世界潮流向著民主的大路猛進著的這時候，尤其是我們臺灣從猙獰兇惡的猛獸解脫出來，著手建造新臺灣的這時候，難道占有半數的三百萬婦女們可以袖手旁觀嗎？難道我們可以免負這時代的担子嗎？不我們很堅決地說「不」！我們是六百多萬人中的一份子，我們不能例外，過去生命受著威嚇的苦鬥我們尚且不辭危難而參加，何況現在向著——自由建設前程？這時正是我們婦女肩起重負的時候，一方面我們向社會抗爭，我們要爭取社會上的地位，無論是在政治上，經濟上，婚姻上，我們要力爭每一個人應享受的權利，在權利上我們要求不應有任何的差別，男女的差別，同時我們婦女也要盡每一個人應盡的義務，總而言之，我們要求在權利上得有平等的享受，在義務上我們要盡我們應盡的義務，沒有彼此，沒有任何的差別，這是我們原則上的要求，而我們目前緊要的呼喚是給婦女們在生活上應有的合理的現代條件：

一、教育方面——

1. 普設女學校。
2. 課程與男學校一律。
3. 多設義務學校。

在這全臺正在需要再教育的現在對於婦女方面請當局注意家庭婦女，職業婦女，女工，失學的孩子們。

普設免費補習班，以免貧窮者不得學習，注意時間的安排如早、午、晚各斟酌情形分班授課。以便家庭婦女，職業婦女們有機會學習。

我們深信女人倘能與男人一樣地受同等的教育，受同等的訓練，我們也能有同等的力量，而且同樣地能幹，所以我們高呼普及教育，沒有男女的差別。

二、政治方面——在祖國民主政治正要實施的現在，我們也要求：

1.婦女在政治上有民主自由的權利。
2.允許婦女參加一切政治性社會性的活動。
3.法律上明文規定廢除妓女。
要徹底廢除妓女，社會上應有救濟扶助貧苦婦女的機關。應有收容沒有出路的可憐的婦女們。多設完善的婦女救濟所。

三、經濟方面——

1.開放職業的界限。給與婦女們能有充分服務，獻力與社會的機會。
2.廢除男女工資的差別。勞力以輕重分別酬勞，不以男女而差別。
3.不受結婚或年齡等限制。
4.婦女有享受產業承繼權。
5.應設失業婦女救濟機關。
6.普設完善托兒所。

以上是我們生活上的緊要的呼喚，深望社會人士給我們以熱切的援助。放棄過去對婦女的辱視，對婦女運動的摧殘，社會如給我們好好的培養的我們確能成爲國家一臂力量，婦人們的「能」與「不能」不必我在此多言，有事實可以證明。

各先進國如英、美、蘇，以及我們祖國的婦女們在戰場上，政治，外交，以及生產的各部門不是很英勇地參加著工作嗎？而且表現出相當的成就。我們全國的婦女領袖宋美齡女士不是爲國家奔跑於各種的活動嗎？在這次戰爭中我們都已崇仰著她偉大的功勞，這是我們看得最清楚的顯著明證。所以我們很堅決地說「我們是『能』」。而且我們的愛國不讓於男人，我們願意參加國家每一部門的工作。

臺灣現在解放了，交在我們的手裏了。臺灣是我們的臺灣了；我們必需要把它再建造起來，成爲一個理想的樂園。

這工作是多重大，而又是煩重，而且必定有多多的困難，深望我們同胞團結一致，同心協力不餒志向著建設的大道前進！

姊妹們，我們不可以落後我們要加倍地努力，在社會上的家庭上要顯出我們的能力我們要檢點我們自己，是否盡著應盡的義務，配得稱爲國民的一份子？

我們要爭取我們的地位！

起來吧！我們不再是奴隸！

歡迎高山族代表

《臺灣新生報》「社論」
一九四五年十一月二十九日

各地高山族同胞，推派代表來臺北晉謁陳長官。長官很歡喜。這件事有意義。和高山族同胞談話，我們很感動。他們的態度，那樣坦白而誠懇。他們的認識，那樣清楚而正確。重慶來的人，眾口齊聲的稱讚不已，對他們都一見如故，好像數十年的老朋友。

我們要向高山族同胞，表示熱烈的歡迎。最先到臺灣的是高山族，他們居住臺灣的歷史最久，是我們的老大哥。但直到漢族來臺以後，開闢草萊，創造文化，臺灣始蔚爲文明之鄉，所以高山族與漢族，都是臺灣的主人。這次臺灣光復，有人說：『高山族不是漢人，在中國政府治下，將受差別的待遇。』這完全是惡意的宣傳。此次諸位代表來臺北，所見所聞，一定會心裏明白。事實勝於雄辯，高山族與漢族彼此像兄弟一樣，大家感情十分融和，我們相信這種感情，必不受第三者的離間挑撥。

臺灣光復，對高山族同胞也是一種光復，就是說，現在你們已恢復了主人的地位。中國國內，也有不同的民族，除漢族外，還有回族、蒙族、藏族、滿族、苗族等，他們這些種族，一律與漢族平等。大家都是中國的主人。現在中國信奉三民主義，三民就是民族、民權、民生。民族主義有兩個原則：一對外反對帝國主義，即反對以武力、經濟或文化等去侵略別國。二對內一切民族皆享平等權利。高山族既是中國裏面的一個種族，好比在一家之中，高山族是一位兄弟，絕對不是被壓迫的奴隸。臺灣光復，等於高山族同胞回家來了。

在重慶時候，我們就懷念著高山族同胞在戰爭中蒙受的犧牲。有人說，高山族青年死傷慘重，中國政府對此寄與無限同情，我們相信陳長官對你們一定可優予撫恤救濟。今後建設新臺灣，也一定會協助你們提高文化，改善生活，增進幸福。當然高山族代表是可以參加政治貢獻意見的，如有賢人出，高山族同胞也可以做臺灣省長。我們希望高山族代表回去勉勵各社男女同胞，團結起來，努力上進！

最後，我們要請諸位代表回去傳達一聲，請高山全體同胞遵守中國法律、切實保護家鄉。如有懷疑或困難，當隨時出來詳細報告。此際變革甫定，良莠不齊，你們要特別謹慎，纔不會被騙了去，誤入歧途。假使自己或黨同別族，有意或無意的去做不法情事，闖下禍來，這就不好了。

代表諸君都是「頭人」，智識能力及威望，當比普通人高超一等，我們希望諸君挺身負起領導的責任，積極的照應全局，為你們的子孫後世，帶高山族同胞到光明及繁榮的前途去！末了，祝諸君健康，快樂！

260元

荒島遺事

鄭鴻生◎著

本書可謂《青春之歌》續篇。一九七三年台大哲學系事件後，作者僥倖逃過一劫入伍當兵，竟鬼使神差地被分發到彼時惡名昭彰、曾關押了許多政治犯的火燒島——綠島。在仍殘餘著白色恐怖陰影的七〇年代，面對受刑人扭曲而殘酷的生命境況，原本單純熱情的年輕軍官，心裡留下了難以抹滅的傷痛。在多年的壓抑後，作者決定寫出荒島上的那段生命歷程，沒有清算、指控，以悲憫的心，呈現一個青年軍官眼中離島監獄的衆生相，企圖爲那噤聲的年代，仿若被放逐的邊緣孤島上的人事物，賦予一種普世的價値。我們彷彿又見到陳映眞作品中那樣素樸而卑微的小人物，卻如暮鼓晨鐘般撼動了我們最深沉的情感，也爲七〇年代的左翼青年，留下一段最眞摯的心靈描摹。

消失的台灣醫界良心

藍博洲◎著

現代人多感慨醫德淪喪，卻鮮少有人知道，在台灣曾經有一群年輕秀異的醫師，以他們的生命和自由為代價，追求人民的福祉與國家美好的未來。他們從抗日而熱情迎向台灣的光復、到對陳儀體制的腐敗和獨占憤然抗議、繼之參與一九四七年台灣二月蜂起、再經蜂起的全面潰敗，他們徬徨、幻滅，掙扎著尋求思想的出路及所謂祖國的圖像。然而一九五〇年，一場全面的、堅定的、徹底的政治肅清在台灣靜靜地展開，改變了他們的一生。

作者尋訪探查五〇年代白色恐怖倖存者與受難者之親友，細細刻鏤四名年輕醫師的一生及其言行思想，翔實地記述下這些醫界俊彥如何為他們的理想付諸行動，也為當代青年留下一頁鮮活的圖像。

280元

INK PUBLISHING

舒讀網 http:www.sudu.cc
郵政劃撥 19000691 成陽出版股份有限公司
洽詢專線（02）2228-1626

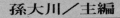

文學叢書 108

INK PUBLISHING

一九四五・光復新聲
──臺灣光復詩文集

編　　著　曾健民
總 編 輯　初安民
美術編輯　吳思怡

發 行 人　張書銘
出　　版　INK印刻出版有限公司
台北縣中和市中正路800號13樓之3
電話：02-22281626
傳真：02-22281598
e-mail:ink.book@msa.hinet.net
法律顧問　林春金律師

總 代 理　成陽出版股份有限公司
業務部／訂書電話：02-22256562　訂書傳真：02-22258783
訂書地址：台北縣中和市中正路800號11樓之2
e-mail：rspubl@sudu.cc
網址：舒讀網http://www.sudu.cc
物流部／電話：03-3589000　傳真：03-3581688
退書地址：桃園市春日路1490號
郵政劃撥　19000691 成陽出版股份有限公司
門市地址　106台北市新生南路三段96-4號1樓
門市電話　02-23631407
印　　刷　海王印刷事業股份有限公司

出版日期　2005年 11 月 初版
ISBN 957-28550-4-2
定價　280元

國家圖書館出版品預行編目資料

一九四五・光復新聲：臺灣光復詩文集／
曾健民 編.－－初版，
－－臺北縣中和市：INK印刻，
2005〔民94〕面；　公分（文學叢書；108）

ISBN 957-28550-4-2（平裝）
1.臺灣-歷史-光復以後（1945～）

673.229　　94019855